清水崇文
SHIMIZU Takafumi

西郷英樹
SAIGO Hideki

日本語雑談マスター
ざつだん
[青]

ZATSUDAN

Mastering Japanese Small Talk／日語聊天全掌握／일본어 잡담 마스터

にほんごの
凡人社
BONJINSHA

この本の特徴と使い方

　この本は、日本語で楽しく会話がしたい学習者の役に立ちたいと思って作りました。普段の会話、特に雑談でよく使われる 60 の表現を 12 週間（1 日 1 表現を週 5 日）で学べるようにカテゴリー別にまとめてあります（決められたスケジュールを守ることが苦手な人たちは、暇なときに好きなページを読むこともできます！）。また、各週の週末には、日本語で雑談をするときに役に立つ「秘訣」を解説しています（この「雑談の秘訣」だけを先に読んでも、もちろんオッケーです！）。

　この本の特徴は、①「日本語の教科書には出てこないけど、普段の会話（雑談）で使うとこなれた日本語に聞こえるような単語や表現」を集めていることと、②会話例も日本語学習者用にわかりやすく（でも、不自然に）書かれたものではなく、日本語母語話者の会社員や大学生が話すような自然な日本語のままにしてあることです。そのため、単語や表現だけでなく、日本語母語話者がしているカジュアルな話し方の特徴も学ぶことができます。あなたが知らない単語や表現もたくさん出てくると思いますが、英語・中国語・韓国語の対訳を見ながら、初めて目にする表現や単語の意味を考えてみてください。

　最後に著者 2 人からのアドバイスです。だまされたと思って、この本で習った単語や表現を実際に日本語母語話者との会話でどんどん使ってみてください。使い方を間違えても気にしない、気にしない！　絶対に会話が楽しくなりますよ！

英語・中国語・韓国語の勉強にも！

　この本では、毎日のターゲット表現や会話例に英語・中国語・韓国語の対訳が付いていますので、カジュアルな会話（雑談）で使われる日本語の単語や表現が英語・中国語・韓国語ではどのような言い方になるのかを知ることができます。英語・中国語・韓国語を使って、楽しく雑談をしたいと思っている日本語母語話者のみなさんにも、とても役に立つ本です。どうぞご利用ください。

Features and usage of this book

This book was created with the intention of helping learners who want to have fun conversations in Japanese. 60 expressions that are often used in everyday conversation, especially in small talk, are organized by category so that you can learn them in 12 weeks (1 expression per day 5 days a week) (for those who are not good at keeping a fixed schedule, you can also read the pages as you like in your free time!). Also, for each weekend, we explain "secret tips" that are useful when chatting in Japanese (of course, just reading these "secret tips" first is also okay!).

The features of this book are (1) a collection of "words and expressions that do not appear in Japanese textbooks, but that sound like natural Japanese when used in everyday conversation (small talk)" and (2) conversation examples that are not written in the easy-to-understand (but unnatural) way that is typical for Japanese learners, but rather they are left in natural Japanese just as they would be spoken by office workers and university students who speak native Japanese. Therefore, you can learn not only words and expressions, but also the characteristics of casual speaking styles that native Japanese speakers use. There may be many words and expressions that you do not know, but please think about the meanings of the expressions and words that you see for the first time while looking at the parallel translations of English, Chinese, or Korean.

Finally, some advice from the two authors: Don't just take our word for it. Try using the words and expressions you learned in this book in conversations with native Japanese speakers. And don't worry if you use them incorrectly! It's fine! The conversation will definitely be fun!

本书的特征及用法

本书旨在帮助那些想要通过趣味性的学习方法来学习日语会话的学习者。本书将 60 种在日常会话中，尤其是在闲谈中常用的表达方式分门别类，整合为 12 周份（1 天学习 1 种表达方式，每周 5 天）的学习内容（不习惯按照既定的学习日程来进行学习的朋友们，也可在有空时，选择感兴趣的部分来学习）。此外，在每周末的学习内容中，我们将对一些有助于进行日语闲谈的"秘诀"进行解说（先阅读学习"闲谈的秘诀"这一部分，当然也是可以的）。

作为本书的特征，其一，便是收集整理了"在日语教科书中不会提及，但在日常会话（闲谈）中用了，就会显得日语能力很强的单词和表达方式"；其二，本书中所展示的会话例文，不是那些对于学习者来说易懂（但是不自然）的例子，而是身为日语母语者的公司员工或大学生们正在使用的，最为自然的日语。因此，通过对本书的学习，除了掌握日语单词和表达方式之外，还可以学习日语母语者所使用的日常的说话方式及其特征。此外，书中还附有相对应的英语、中文、韩语的翻译，因此，虽然书中可能会出现不少学习者未曾了解的单词及表达方式，但可以一边参照翻译，一边思考这些新的单词和表达方式的意思。

最后，是来自于我们编写者 2 人的小小建议。就当自己被骗了，在和日语母语者进行会话时，请多多使用在本书中学到的单词和表达方式。就算用错了也不要在意，没关系！会话一定会变得有趣而多彩的！

이 책의 특징과 사용법

이 책은 일본어로 즐겁게 대화하고 싶은 학습자에게 도움이 되었으면 하는 바람으로 만들었습니다 . 평상시의 대화 , 특히 잡담에서 자주 사용하는 60 개의 표현을 12 주 동안 (하루에 한 개의 표현을 주 5 일) 배울 수 있도록 카테고리별로 정리했습니다 (정해진 스케줄대로 공부하는 것이 힘드신 분들은 시간이 날 때 마음에 드는 페이지를 읽으셔도 됩니다 !). 또한 각 주의 주말에는 일본어로 잡담할 때 도움이 되는 "비결"을 해설해 놓았습니다 (물론 이 "잡담의 비결"을 먼저 읽으셔도 됩니다 !)

이 책의 특징은 ① "일본어 교과서에는 나오지 않지만 평소 대화 (잡담) 에서 사용하면 일본어다운 일본어로 들리는 단어와 표현"을 모아 놓았다는 점과 , ② 대화 예시도 일본어학습자가 알기 쉽게 (그렇지만 부자연스럽게) 쓰여진 것이 아니라 , 일본어모어화자인 회사원이나 대학생들이 쓸 법한 자연스러운 일본어를 그대로 사용했다는 점입니다 . 그렇기 때문에 단어와 표현뿐만 아니라 일본어모어화자가 사용하는 캐주얼한 말투의 특징도 배울 수 있습니다 . 여러분이 모르는 단어와 표현도 많이 수록되어 있겠지만 영어 · 중국어 · 한국어의 대역을 보면서 처음 접하는 표현과 단어의 의미를 생각해 보시기 바랍니다 .

마지막으로 두 저자로부터의 조언입니다 . 일본어모어화자와 대화할 때 속는 셈 치고 이 책에서 배운 단어와 표현을 적극적으로 사용해 보십시오 . 사용법을 틀리더라도 신경쓰지 말 것 ! 장담하건대 대화가 즐거워질 것입니다 !

「気」のことば

Expressions that use ki (feelings)
与「气」相关的词组
「気」를 포함하는 표현

体のことば

Expressions that have to do with the body
与「身体」相关的词组
신체에 관한 표현

登場人物

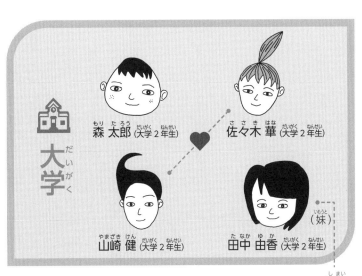

大学

森 太郎（大学2年生）

佐々木 華（大学2年生）

山崎 健（大学2年生）

田中 由香（大学2年生）（妹）

姉妹

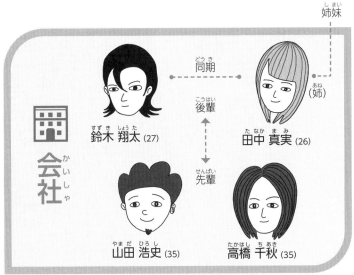

会社

同期

後輩

先輩

鈴木 翔太 (27)

田中 真実 (26)（姉）

山田 浩史 (35)

高橋 千秋 (35)

▼ 会話例

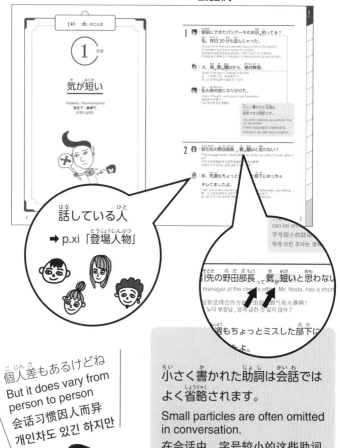

話している人
→ p.xi「登場人物」

個人差もあるけどね
But it does vary from person to person
会话习惯因人而异
개인차도 있긴 하지만

小さく書かれた助詞は会話ではよく省略されます。

Small particles are often omitted in conversation.

在会话中，字号较小的这些助词常被省略。

작게 쓰인 조사는 회화에서 자주 생략됩니다.

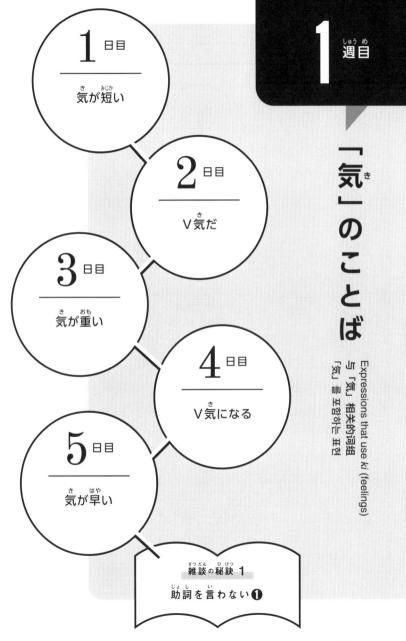

「気^き」のことば

Expressions that use ki (feelings)
与「气」相关的词组
「気」를 포함하는 표현

1 日目^{きめ}

気^きが短^{みじか}い

2 日目^{きめ}

V気^きだ

3 日目^{きめ}

気^きが重^{おも}い

4 日目^{きめ}

V気^きになる

5 日目^{きめ}

気^きが早^{はや}い

雑談^{ざつだん}の秘訣^{ひけつ} 1

助詞^{じょし}を言^いわない❶

日目

気が短い

Impatient / Short-tempered
急性子；暴脾气
성격이 급하다

1 👧：駅前にできたパンケーキのお店を知ってる？
私、昨日 30 分も並んじゃった。

Do you know that new pancake place in front of the station?
Yesterday I had to line up for 30 minutes!
你知道车站前面那家松饼店吗？我昨天排了 30 分钟的队。
역 앞에 생긴 팬케이크 가게 알아 ? 나 어제 30 분이나 줄 서서 기다렸어 .

👦：え、俺は気が短いから、絶対無理。

Really? I'm way too impatient for that.
这……我性子急，绝对受不了。
아 , 난 성격이 급해서 절대 못 기다려 .

👧：私も熱中症になりかけた。

Yeah, I thought I was going to get heatstroke.
我都差点中暑了。
나도 열사병 걸릴 뻔했어 .

> 小さく書かれた助詞は会話ではよく省略されます。
>
> Small particles are often omitted in conversation.
> 在会话中，字号较小的这些助词常被省略。
> 작게 쓰인 조사는 회화에서 자주 생략됩니다 .

2 👩：取引先の野田部長って気が短いと思わない？

That manager at the client's office, Mr. Noda, has a short temper, doesn't he?
你有没有觉得合作方的野田部长脾气有点暴啊？
거래처 노다 부장님 , 성격 급한 것 같지 않아 ?

👨：あ、先週もちょっとミスした部下に
めっちゃキレてましたよ。

Yeah, last week I saw him go off on one of his employees over nothing.
啊，上礼拜好像就有个部下犯了一点点小错被他训了。
아 , 지난주도 조금 실수한 부하 직원한테 엄청 화내시더라구요 .

2 日目

V気だ

[V：する／しない]

Feel like ~
～的打算
- ㄹ/을 생각이다 , - ㄹ/을 작정이다

1

👩: 明日はちょっと高校のときの友達と
会わないといけないかも。

Tomorrow I might have to meet with my friend from high school.
我可能明天得去和高中的朋友见个面。
내일은 고등학교 때 친구 만나야 될지도 몰라.

👧: あ、明日のサークルのミーティングに
行かない気でしょ！

You mean you don't want to go to the circle meeting, right?
啊，你这是打算翘了明天社团的例会吧！
아, 내일 동아리 모임 안 갈 생각이지?

👩: あ、わかった？

How'd you know?
啊，被你猜到啦？
어? 눈치 챘어?

2

👩: 明日の忘年会は来週になったそうですよ。

I heard the end-of-the-year party that was scheduled for tomorrow is
going to be next week.
明天的年会好像推迟到下礼拜了。
내일 송년회, 다음 주로 연기됐대요.

👨: ええー、明日は朝まで飲む気だったのに！

Whaaaaat? But tomorrow I wanted to drink until morning!
不是吧！我明天还打算喝个通宵呢！
뭐? 내일은 밤새 마실 작정이었는데!

3 日目

気が重い

Reluctant / Depressed
心情沉重；丧
마음이 무겁다, 부담스럽다

2
週目

3
週目

4
週目

5
週目

6
週目

7
週目

8
週目

9
週目

10
週目

11
週目

12
週目

1 👧 : 南先生の研究室に行くのはなんか気が重いな。

I'm not really feeling up to going to Professor Minami's office.
每次要去南老师的研究室就感觉好丧啊。
미나미 교수님 연구실 가야 되는데 발걸음이 무겁다 (가기 싫다) …….

👩 : あの先生って気難しいからね。

Yeah, that teacher can be difficult to please, right?
那位老师是有点难搞。
그 교수님이 좀 까다로우시지 .

2 🧑 : 来週のプレゼンを社長も見に来るって本当？

Is the company president really coming to see the presentations next week?
下礼拜的发表，社长真的要来看吗？
다음 주 프레젠테이션 , 사장님도 보러 오신다는 거 진짜야 ?

👩 : あ、そうみたいだよ。

Yeah, that's apparently happening.
啊，好像是的。
어 , 그런 것 같더라 .

🧑 : え、気が重いなあ。

Oh, man. I feel depressed.
唉，真令人头大。
아 , 부담되게…….

4 日目

V気になる

[V：する]

Become motivated to do something
想〜
- ㄹ/을 마음이 생기다

2
週目

3
週目

4
週目

5
週目

6
週目

7
週目

8
週目

9
週目

10
週目

11
週目

12
週目

1 😎 : 明日の映画は何時からだっけ？

What time is the movie tomorrow again?
明天的电影是几点来着？
내일 영화 , 몇 시부터였지 ?

👩 : あ、行く気になったの？

What, you want to go now?
嚯，你这是要去看了？
어 ? 안 간다더니 가게 ? (갈 마음이 생긴 거야 ?)

😎 : いや、ただ聞いてみただけ。

Nah, I was just asking.
没有，就是问问。
아니 , 그냥 물어본 거야 .

2 👩 : 今日はなにもする気にならないんだよね。

I don't feel like doing anything today.
今天干什么都提不起劲啊……
오늘 아무것도 하기 싫다 . (오늘은 아무것도 할 마음이 안 생긴다 .)

👩 : え、体調が悪いんじゃない？

Maybe you're sick?
咦？是不是哪里不舒服啊？
컨디션 안 좋은 거 아니야 ?

5 日目

気が早い

Hasty
性子急
성급하다 , 마음이 급하다 , 너무 앞서가다

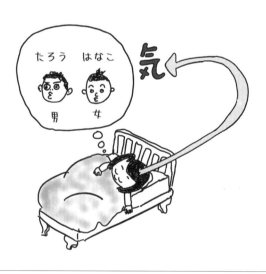

1

: 昨日、寝ながら、子どもの名前を考えたんだ。

I thought of some names for my children while I was sleeping last night.
我昨天睡觉的时候，在想给孩子起什么名字。
어제 자면서 아기 이름 생각해 봤어 .

: 気が早いね〜。
まだ相手もいないじゃん。

Don't get ahead of yourself. You're not even seeing anyone.
你一个单身狗，也太着急了吧〜
너무 앞서간다 . 너 아직 남자 친구도 없잖아 .

: そんなの自由じゃん。

I can do what I want.
这个又没规定的咯。
그건 내 마음이지 .

2

: 高橋さん (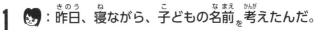) って
定年後に住む場所を探しているらしいよ。

I heard Ms. Takahashi is looking for a place to live after she retires.
听说高桥前辈好像在找退休以后住的房子。
다카하시 씨 말야 , 퇴직한 후에 살 곳을 알아보고 있대 .

: え、それはちょっと気が早くない？
まだ 40 前だよ。

Isn't that being a little hasty? She's not even 40.
欸？这也太早了吧！这还没到 40 岁吧。
뭐 ? 그건 좀 너무 이른 거 아냐 ? (너무 마음이 급한 거 아냐 ?) 아직 마흔도 안 됐잖
아 .

: だよね。

I know, right?
是说啊。
그러니까 .

助詞*を言わない ❶

* particle ／助詞／조사

　カジュアル*1 に話すとき、「は」「が」「を」をよく省略*2 します。

　「です・ます」を使って話すときも、「は」「が」「を」を省略すると、少しカジュアルになります。

*1 casual ／日常随意的／캐주얼한 느낌 , 비격식적인 느낌

*2 omit ／省略／생략

→ ：森君 は テニス が 上手だよ。

▶ 森君 ＿ テニス ＿ 上手だよ。

→ ：佐々木さん が かつ丼* を 食べてたよ。

▶ 佐々木さん ＿ かつ丼 ＿ 食べてたよ。

* katsudon (a bowl of rice topped with slices of deep-fried pork) ／炸猪排盖饭／가쓰돈 (가츠동), 돈가스 덮밥

→ ：パソコン を 使いすぎて、目 が 痛くなりましたよ。

▶ パソコン ＿ 使いすぎて、目 ＿ 痛くなりましたよ。

→ ：今日、行ったほう が いいよ。

▶ 今日、行ったほう が いいよ。

「～ほうが～」の「が」は省略できません。

→ ：私 は スキー は できるけど、スケート は できないよ。

▶ 私 ＿ スキー は できるけど、スケート は できないよ。

「は」が対比*の意味のときは省略しないほうがいいです。

* contrast ／対比／대비

2週目 体のことば

Expressions that have to do with the body
与「身体」相关的词组
신체에 관한 표현

1日目
口が悪い

2日目
Nに目がない

3日目
顔が広い

4日目
頭にくる

5日目
口を出す

雑談の秘訣 2
助詞を言わない ❷

日 本 語 雑 談 マ ス タ ー
Zatsudan

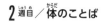

1 日目

くち　わる
口が悪い

Sharp tongue / Dirty mouth
讲话直；嘴巴臭
입이 거칠다

山口くん

1 🙍 : 山口君って思ったことをずけずけ言うと思わない？

Yamaguchi really doesn't mince words about whatever's on his mind.
你有没有觉得山口这个人还真是想到什么说什么啊！
야마구치는 생각한 걸 너무 필터 없이 말하는 것 같지 않아 ?

🧒 : うん。でも、口は悪いけど、いいやつだよ。

Yeah, but his bark is worse than his bite.
嗯。不过他这人就是讲话直了点，人还是挺好的。
응 . 근데 입이 거칠긴 해도 좋은 놈이야 .

2 🙍 : 口が悪い人ほど、優しいって絶対にうそだよね。

It's definitely not true that the more foul-mouthed a person is, the nicer they are.
那些说"话越直，人越好"的，肯定是骗人的。
입이 거친 사람일수록 마음이 따뜻하다는 말 , 완전 거짓말이야 .

👩 : そうですか？
結構そうだと思いますけど。

Really? I think there are many cases where that's true.
是吗? 我觉得还挺有道理的。
그런가요 ? 대체로 맞는 것 같은데…….

🙍 : だって、山田君 (🧒) って口も悪くて、
残酷じゃん (笑)。

Well, Yamada has a dirty mouth and he's the worst! (laughs)
但是你看山田，讲话难听，人也不见得好啊（笑）。
그치만 야마다는 입도 거칠고 상처도 많이 주잖아 (웃음).

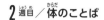

2週目／体のことば

2 日目

Nに目がない

Cannot resist ~ / Have a weakness for ~
対～没有抵抗力；非常喜欢～
-(이) 라면 사족을 못 쓰다 , -(이) 라면 정신을 못 차리다

1　😊：森君 (🐹) を明日のケーキの食べ放題に誘ったら、
来ると思う？

If I invited Mori to the all-you-can-eat cake thing tomorrow, do you think
he'd come?
你觉得如果我找森明天一起去吃蛋糕自助，他会来吗？
모리한테 내일 케이크 뷔페에 가자고 하면 올까？

👧：甘いものに目がないから、絶対に来るよ。

He can't resist sweets, so he'd definitely come.
他那么喜欢吃甜食，绝对会来。
단 거라면 사족을 못 쓰니까 100% 올걸？

2　👩：山田さん (😊) って将来結構上まで行くと思う？

Do you think Yamada will go far in the future?
你觉得山田前辈以后会坐上高位吗？
야마다 씨 말야 , 나중에 높은 자리까지 올라갈까？

👨：仕事はできるけど、**若い女性に目が**ないから、
いつか女性関係で問題を起こすんじゃない (笑)？

He can do his job, but he has a weakness for young women, so I'm pretty
sure at some point he's going to cause problems with the female staff.
(laughs)
他工作上是挺能干的，但是太重女色，总感觉他会因为情感纠纷惹出点什
么事来（笑）？
일은 잘하는데 젊은 여자라면 정신을 못 차리니까 언젠가 여자 때문에 문제 일으킬
것 같지 않아 (웃음)？

3 日目

顔が広い

Popular / Well-connected
交际花；人脉广
발이 넓다

1 😊 : 山崎（😊）って顔が広いよね。

Yamazaki's a popular guy, isn't he?
山崎真的是朵交际花。
야마자키 발 넓더라 .

😊 : え、そうなの？

Really? Why's that?
咦，是吗？
아 , 그래 ?

😊 : 昨日、一緒に３軒ハシゴしたんだけど、
どの店でもあいつの知り合いにあったよ。

Yesterday we went bar hopping together and every place he ran into someone he knew!
昨天跟他一起喝酒，连着转了３家店，每家店他都有人认识。
어제 같이 3 차까지 갔는데 가는 가게마다 걔 아는 사람이 있더라고 .

2 😊 : ビジネスは学歴よりも人脈ですよね？

With business, it's more about personal connections than academic background, isn't it?
做生意的话，比起学历，感觉人脉更重要呢。
비지니스는 학력보다도 인맥이죠 .

😊 : まあ、顔が広いと、ビジネスチャンスも広がるよね。

Well, yeah, if you're well-connected you'll have a lot more business opportunities.
确实，人脉广的话商务机会也会更多。
뭐 , 발이 넓으면 비지니스 기회도 많아지긴 하지 .

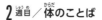

④ 日目

頭にくる

Mad / Pissed off
冒火；来气
화가 나다, 열을 받다

頭にきてる人

1 🗣️ : 昨日、ホント頭にきました。

I absolutely lost it yesterday.
昨天真的气到我了。
어제 정말 화나는 일이 있었어요 .

🗣️ : 珍しいじゃん。

なにがあったの？

That's not like you. What happened?
少见啊，出什么事了吗?
너답지 않게……. 무슨 일 있었어 ?

🗣️ : トイレが混んでるのに、
中でずっと電話してる人がいて。

The bathroom was crowded but someone just kept using their phone in the stall.
洗手间里明明后面有很多人在排队，前面还有人一直在里面打电话。
화장실에 기다리는 사람이 많은데 안에서 계속 전화하는 사람이 있더라고요 .

2 🗣️ : 森 (😠) のやつ、また飲み会をドタキャンしやがって。
あいつはほんと頭にくる！

F*cking Mori canceled on me last minute again for our drinking party. He really pisses me off!
森这家伙，说好的去喝酒，又临时放我鸽子。真让人火大。
모리 그 자식 , 또 직전에 연락해서 술자리 못 온다고 하는 거야 . 그 자식 완전 열받아 !

🗣️ : まあまあ、そんなにイラっとしないの。

Relax. Don't let it get to you.
行了行了，置什么气啊。
야 , 야 . 그렇게 짜증 내지 마 .

5 日目

口を出す

Get involved / Butt into other people's business
多嘴；置喙
참견하다

1 😊：昨日、山崎 (🐷) に、佐々木さん (👧) に
謝ったほうがいいって言っちゃった。

Yesterday, I kind of told Yamazaki that he should apologize to Sasaki.
昨天不小心跟山崎多嘴了，说让他跟佐佐木同学道个歉比较好。
어제 야마자키보고 사사키한테 사과하는 게 좋겠다고 말했어 .

😐：え、あんまり他人の痴話げんかに
口を出さないほうがいいよ。

You know, you really shouldn't get involved in other people's drama.
这……情侣之间吵架，外人还是别多嘴比较好吧。
아 , 남의 사랑싸움에 괜히 참견하지 않는 게 좋아 .

😊：それはわかってるんだけど、
どう見ても山崎のほうが悪いと思ったから……。

Yeah, I know, but it's so obvious that Yamazaki is wrong this time.
道理我都懂，但就是觉得这个事情怎么看都是山崎不对。就……
그건 나도 아는데 , 아무리 생각해도 야마자키가 잘못한 것 같아서…….

2 😊：最近、鈴木君 (🐵) となんかあったの？

Did something happen with Suzuki recently?
最近你和铃木什么情况？
요즘 스즈키랑 무슨 일 있어 ?

👩：え、ああ、私の私生活にいろいろ口を出すから、
頭にくるんです。

Oh, yeah. He's been trying to involve himself in my private life. It's really annoying.
欸？哦，就是他老是对我的私生活指手划脚的，搞得我有点火大。
네 ? 아…… 제 사생활에 너무 참견을 해서 화가 나서요 .

😊：もしかして、田中さん (🐶) に気があるんじゃない？

Could it be that he likes you?
该不是对你有意思吧？
혹시 다나카 너한테 마음 있는 거 아냐 ?

23

助詞を言わない ❷

　カジュアルに話すとき、場所*と「行く」「来る」　　　　* place ／地点／場所
「帰る」の間の「に」「へ」をよく省略します。
　「です・ます」を使って話すときも、「に」「へ」を
省略すると、少しカジュアルになります。

🧑→👧：自転車で学校 に 行こうかな。

　　► 自転車で学校 ＿＿ 行こうかな。

👩→👧：今からうち に 来る？

　　► 今からうち ＿＿ 来る？

👩→🧑：あ、明日 は 広島の実家* へ 帰る予定なんです。

　　► あ、明日 ＿＿ 広島の実家 ＿＿ 帰る予定なんです。

* parents' house ／老家／고향 집

> 「行く」「来る」「帰る」じゃないときは
> 前の「に」「へ」は言いましょう。

👩→👧：今、田中さんと会議室C に いますよ。

　　► 今、田中さんと会議室C に いますよ。

24

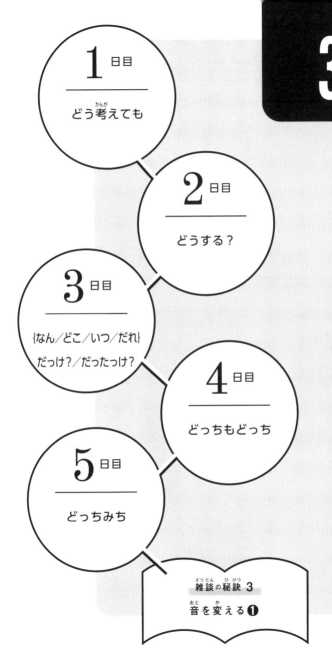

1 日目

どう考えても

Without a doubt / No matter how one looks at it
怎么想都……
아무리 생각해도

ぼく、考えるト

1

💬 : **どう考えても、悪いの_は森（☺）だよね。**

Obviously Mori is in the wrong here.
怎么想都是森不对啊。
아무리 생각해도 나쁜 건 모리지 .

💬 : **でも、森君には森君の言い分_があるんじゃない？**

But what do you think Mori would say?
但是森也有他自己的说法吧。
그치만 모리는 모리 나름대로 할 말이 있지 않을까 ?

2

💬 : **どう考えても、
この会社に将来性_はないと思うんだよね。**

No matter how you look at it, this company has no future.
怎么想都觉得这家公司没什么发展前景。
아무리 생각해도 이 회사에 미래는 없는 것 같아 .

💬 : **じゃあ、他の会社_に行けば？**

Then why don't you go to a different company?
那你去别的公司呗。
그럼 이직해 .

💬 : **うわ、冷たっ。**

Wow. That's cold.
哇，好无情。
우와 , 냉정하네 .

どうする？

What should (we) do? / Used when you want to know what to do
怎么办?
어떻게 할래 (= 어떡할래)?

1 🙎 : 今日のお昼、**どうする？**

What do you want to do for lunch today?
今天中午吃什么？
오늘 점심 , 어떡할래 ?

🙍 : あ、今日はお弁当を持ってきた。

Oh, I brought a lunch today.
啊，我今天带便当了。
아 , 나 오늘은 도시락 싸 왔어 .

🙎 : あ、そうなの。

じゃあ、ちょっとコンビニでなんか買ってくるね。

Ah, ok. I'll go and grab something from the convenience store.
啊，这样啊。那我去便利店买点什么吧。
아 , 그래 ? 그럼 난 편의점 가서 뭔가 사 올게 .

2 🙍 : 明日のプレゼンの服装、**どうします**か？

What do you think we should wear for tomorrow's presentation?
明天发表你穿什么？
내일 프레젠테이션 때 복장 어떻게 할까요 ? (내일 프레젠테이션 때 옷 어떻게 입을까요 ?)

🙍 : 役員も来るから、フォーマル寄りかな。

Executives are also going to be coming, so maybe something on the formal side.
上面有人要过来，穿得稍微正式一点吧。
임직원도 오니까 포멀한 게 좋지 않을까 ?

3 日目

{なん/どこ/いつ/だれ}

だっけ？/だったっけ？

(What) was (that) again? /
Used when you forgot but want to be reminded
{什么 / 哪里 / 什么时候 / 谁} 来着?
{뭐 / 어디 / 언제 / 누구} 지?/ 였지?

どこだっけ？

1 ➡ ：去年取ってた政治学の先生の名前って

なんだっけ？

Remind me, what's the name of the professor from political science class last year?
去年上的政治学，任课老师叫什么来着？
작년에 들었던 정치학 , 교수님 이름이 뭐지 ?

---

2 ：原油が値上がりしている理由って

なんだったっけ？

What was the reason oil prices are going up?
原油价格上涨的原因是什么来着？
원유값이 오르고 있는 이유가 뭐였지 ?

---

3 ：先週行った居酒屋の名前って

なんでしたっけ？

What was the name of the izakaya we went to last week?
上礼拜去的居酒屋叫什么来着？
지난주에 갔던 술집 이름이 뭐였죠 ?

---

4 ➡ ：インディアナ州ってどこだっけ？

Where's Indiana again?
印第安纳州在哪儿来着？
인디아나주가 어디지 ?

---

5 ：次の中国語の単語テストっていつだっけ？

When's the next Chinese vocab test?
下次中文单词测验是什么时候来着？
다음 중국어 단어 시험은 언제지 ?

---

6 ：あの青いネクタイの人ってだれでしたっけ？

Could you remind me, who is that person with the blue tie again?
那个系蓝领带的，是谁来着？
저 파란 넥타이 한 사람 , 누구였죠 ?

4 日目

どっちもどっち

Both are bad / both are to blame
半斤八両；差不多
둘 다 똑같이 나쁨, 둘 다 별로임

1 😊 : あの2人（ふたり）っていっつも言（い）い合（あ）ってるよね。

Those two are *always* arguing.
那两个人，老是动不动就吵。
저 두 사람은 항상 티격태격하네 .

😊 : どっちが悪（わる）いんだろうね。

I wonder who's to blame.
感觉两个人都有问题吧。
누가 문제인 걸까 ?

😊 : **どっちもどっちじゃない？**

Pretty sure they're both to blame.
半斤八两吧。
둘 다 문제 있는 거 아니야 ?

---

2 😊 : 日替（ひが）わり定食（ていしょく）、AとB、どっちにします（か）？

Which daily special do you want, A or B?
每日套餐 A 和 B, 选哪个？
오늘의 정식 , A 하고 B, 어느 쪽으로 할래요 ?

😊 : **どっちもどっちだね。**
どっちも炭水化物（たんすいかぶつ）が満載（まんさい）だし。

Neither is great. Both are loaded with carbs.
感觉没差，都是满满的碳水化合物。
둘 다 똑같네 . 둘 다 온통 탄수화물이네 .

どっちみち

Either way / One way or the other
反正
어떻든 , 결국은 , 어차피

1

:山ちゃん（ 😊 ）に正直に言ったほうがいいかな？

Should I tell Yama the truth?
我要不还是跟小山说实话吧？
야마한테 솔직하게 말하는 게 좋을까 ?

：うん。だって、どっちみち、いつかはバレるよ。

Yeah, either way, it's going to get out eventually.
嗯。反正他迟早都会知道的。
응 . 어차피 언젠간 들킬 거야 .

：やっぱりそう思う？

You think so?
果然你也这么觉得吗？
역시 그렇지 ?

2

：今回のダイエットは効果があるんですけど、すごく辛いです。

This time the diet's going well, but it's really hard.
我这次减肥，确实是有效果，但是太痛苦了。
이번 다이어트 , 효과는 있는데 너무 힘들어요 .

：どっちみちやめるんだから、早くやめたほうが楽だよ。

You're going to quit either way, so it'll be easier if you quit now.
反正你迟早都会放弃的，不如早放弃早轻松。
어차피 그만둘 거면 빨리 그만두는 게 편해 .

：うわ、悪魔のささやき！

Stop filling my head with evil thoughts!
哇，你个魔鬼！
우와 , 악마의 속삭임 !

音*を変える❶

* sound ／发音／소리 , 음

　カジュアルに話すとき、よく「〜ている」を「〜てる」に変えます。そして、「〜でいる」を「〜でる」に変えます。「です・ます」を使って話すときも、変えることができます（少しカジュアルになります）*。

* You can also change it when using "desu" or "masu." (This makes it sound more casual.) ／在用「です・ます」句式中也可以如此改变发音（会稍显日常随意）／「です・ます」로 이야기 할 때도 바꿀 수 있습니다 (다소 비격식적인 인상을 줍니다).

：今、寝ているよ。

▶ 今、寝てるよ。

：1週間に2回、ジムで泳いでいるよ。

▶ 1週間に2回、ジムで泳いでるよ。

：今、なにをしていますか？

▶ 今、なに＿＿してます＿＿？

：駅前のバーで飲んでいますよ。

▶ 駅前のバーで飲んでますよ。

36

前置き表現

Expressions for prefacing statements

开场白

본론에 들어가기 전에 사용하는 표현

前から聞きたかった

んだけど

I've been meaning to ask you...
之前就想问
예전부터 물어보고 싶었는데

1 👩 : 田中さん (😊)、前から聞きたかったんだけど、
どこの美容院に行ってるの？

Tanaka, I've been meaning to ask you which hair salon you go to.
田中同学，我之前就想问你来着，你去的都是哪家美容院啊？
다나카 , 예전부터 물어보고 싶었는데 미용실 어디 다녀 ?

😊 : え、行きつけの美容院とかじゃなくて、
いろいろだよ。

Oh, I don't have a regular salon I go to, I go to different ones.
欸？我不是一直都去同一家美容院的，去过不少地方。
어 ? 단골 미용실이 있는 건 아니고 그냥 여러 군데 다녀 .

2 👩 : 前から聞きたかったんですけど、
前の職場も食品業界だったんですか？

I've been meaning to ask you, was your previous job also in the food industry?
一直想问，你之前也是在食品公司工作吗？
예전부터 물어보고 싶었는데요 , 예전 직장도 식품 업계였어요 ?

😊 : うん、もっと小さな会社だったけど。

Yeah, but it was a smaller company.
嗯，不过比现在的公司规模小多了。
응 , 좀 더 작은 회사였긴 하지만…… .

👩 : ヘッドハンティングですか？

Were you headhunted?
这是被挖过来了呀？
스카우트된 거예요 ?

😊 : まさか (笑)。

Yeah right. (laughs)
怎么会（笑）。
설마 (웃음).

② 日目

ここだけの話なんだけど

Just between you and me…
就我们这会儿说说（别说出去）
우리끼리니까 하는 말인데 , 이건 비밀인데

1

🗣 : どうしたの？
なんか元気_{げんき}がないじゃん。

What's wrong? Why the long face?
你怎么了？没什么精神啊。
무슨 일 있어 ? 왠지 기운이 없어 보이네 .

🗣 : あ、うん。ここだけの話_{はなし}なんだけど、
昨日後輩_{きのうこうはい}にコクってフラれちゃった。

Oh, yeah... Just between you and me, yesterday I told a younger
classmate I liked her but she doesn't like me back.
啊，嗯。你别说出去啊，我昨天跟前辈告白，被拒绝了。
아, 응 . 이거 다른 사람한텐 얘기하지 마 . 사실은 어제 후배한테 고백했다가 차였어 .

🗣 : え、まじで？

Ah, really?
欸？真的假的？
아 , 진짜 ?

2

🗣 : まだここだけの話_{はなし}なんだけど、
来年_{らいねん}、大阪_{おおさか}に転勤_{てんきん}になりそうなんだ。

This is just between you and me, but next year it looks like I'll be
transferring to Osaka.
先别告诉别人啊，我明年可能要调职到大阪去了。
이거 아직 비밀인데 , 나 내년에 오사카로 발령 받을 것 같아 .

🗣 : やっぱりきたんだ。
じゃあ、私_{わたし}もそろそろかな。

So you got transferred after all. Well, I guess I'm next.
果然还是来了来呀。那我可能也快了吧。
예상은 했는데 역시 그렇구나 . 그럼 다음은 내 차례인가 ?

日目

前にも同じ話を
したかもしれないけど

Not to sound like a broken record but…
我之前可能也说过一样的话
예전에 얘기했을 수도 있는데

1 😊：前にも同じ話をしたかもしんないけど、
駅前に新しくできたラーメン屋に行こうよ。

I might have said this before but let's go eat at that new ramen shop in front of the station.
我之前可能也提过，我们一起去车站前那家新开的拉面店吧！
예전에 얘기했을 수도 있는데 , 역 앞에 새로 생긴 라멘집 가자 .

😀：あ、いいよ。
いつ行く？

Alright, sounds good. When should we go?
啊，可以啊。什么时候去？
어 , 좋아 . 언제 갈래 ?

2 😊：前にも同じ話をしたかもしれませんけど、
この会社は先がないんじゃないですか？

Not to sound like a broken record, but don't you think this company has no future?
可能我之前也说过，这个公司怕是没什么发展前景吧？
예전에 얘기했을 수도 있는데요 , 이 회사에는 미래가 없지 않아요 ?

😊：うわ、また始まった (笑)。
お酒を飲んで、愚痴るのはやめてくれない？

Here we go again. (laughs) Stop complaining while you're drinking.
哇，你又来了（笑）。你能别一喝酒就开始抱怨吗？
우와 , 또 시작이네 (웃음). 술 먹고 푸념하는 거 그만하면 안 될까 ?

④ 日目

思うんだけど

I was just thinking…
我觉得
이건 내 생각인데

1 😊：**思うんだけど、人はいろいろと失敗をしないと**

　　だめだよね。

I was just thinking, people actually have to fail a lot to succeed, right?
我觉得吧，人真的是得多经历一些失败才行。
이건 내 생각인데 , 사람은 다양한 실패를 해 봐야 돼 .

😊：**なに？　急に。**

What's this about, all of a sudden?
怎么了？突然说这个？
뭐야 ? 갑자기…….

😊：**私って順調にここまで来ちゃったから、**

　　友達と比べると甘ちゃんなんだよね。

It's just that I've gotten to this point without much trouble, so compared to my friends I feel like a push-over.
感觉我这一路都走得太顺了，想法什么的和其他朋友比起来都太幼稚了。
나만 봐도 지금까지 편하게 살아와서 친구들에 비하면 어리광이 심하잖아 .

---

2 😊：**思うんですけど、絶対に私たちのほうが**

　　他の部署よりも仕事してますよね。

I was just thinking, we definitely do more work than the other departments.
我觉得我们绝对比其他部门干的活多。
이건 제 생각인데 , 우리가 다른 부서보다 일이 많은 것 같아요 .

😊：**ホントホント。**

　　給料を上げてほしいよね。

For real. They should raise our pay.
就是就是。真应该给我们涨点工资。
맞아 , 맞아 . 급여 좀 올려줬음 좋겠다 .

5 日目

自分で言うのも

なんだけど

Not to toot my own horn but…
自己这么说有点……
내 입으로 말하긴 좀 그렇지만

1

：自分で言うのもなんだけど、

私のカルボナーラ、超おいしいんだよ。

Not to toot my own horn but my carbonara is really good.
虽然好像有点自卖自夸，但是我做的培根蛋酱意大利面真的超好吃的！
내 입으로 말하긴 좀 그렇지만 내가 만든 까르보나라 , 완전 맛있어 .

：え、ホント？

じゃ、いつか食べさせてよ！

Really? You should let me try it sometime.
欸？真的吗？那什么时候做给我吃一次吧！
아 , 정말 ? 그럼 나중에 만들어 줘 !

2

：自分で言うのもなんですけど、

なぜか子どもに好かれるんですよね、僕って。

Not to toot my own horn but for some reason, kids seem to love me.
自己这么说好像有点不太好意思，但是不知道为什么，我还挺招小孩子喜欢的。
제 입으로 말하긴 좀 그렇지만 왠지 아이들한테 인기가 많아요 , 저 .

：精神年齢が近いからじゃないの(笑)。

Because you think alike? (laughs)
难道不是因为心理年龄比较接近吗（笑）？
정신 연령이 비슷해서 그런 거 아냐 (웃음) ?

音を変える ❷

カジュアルに話すとき、よく「～てもいい」を「～ていい」に変えます。
そして、「～でもいい」を「～でいい」に変えます。「です・ます」を使って
話すときも、変えることができます（少しカジュアルになります）。

🧑→👩：おねえちゃんのこの服をちょっと着てみてもいい？

▶ おねえちゃんのこの服___ちょっと着てみていい？

🧑→🧑：来週の飲み会*1 に部長*2 も呼んでもいい？

▶ 来週の飲み会に部長も呼んでいい？

*1 drinking party ／酒会／会食 , 술자리
*2 general manager ／部长／부장님

👩→🧑：私のペンを使ってもいいですよ。

▶ 私のペン___使っていいですよ。

🧑→👩：じゃ、明日のミーティングを休んでもいいですか？

▶ じゃ、明日のミーティング___休んでいいですか？

48

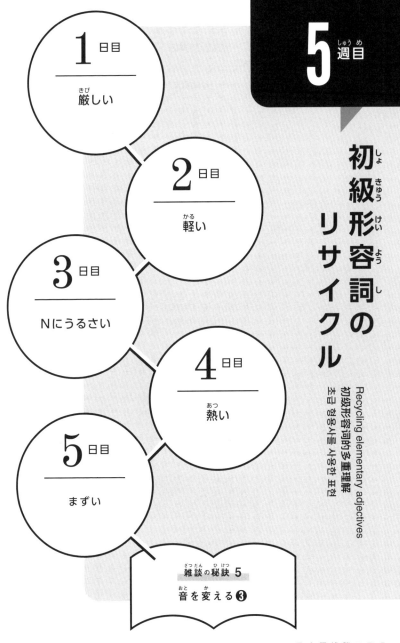

5 週目
しゅうめ

初級形容詞の
しょきゅうけいようし
リサイクル

Recycling elementary adjectives
初級形容詞的多重理解
초급 형용사를 사용한 표현

1 日目
にちめ
────
厳しい
きび

2 日目
にちめ
────
軽い
かる

3 日目
にちめ
────
Nにうるさい

4 日目
にちめ
────
熱い
あつ

5 日目
にちめ
────
まずい

雑談の秘訣 5
ざつだん ひけつ
音を変える ❸
おと か

日 本 語 雑 談 マ ス タ ー
Zatsudan

1 日目

厳しい
きび

Difficult / Tough
不方便；有难度
힘들다, 어렵다

3500円か…
きびしいな…

1

 ：明日の夜って空いてる？

You free tomorrow night?
你明天晚上有空吗？
내일 밤에 시간 있어？

：あ、ちょっと厳しいかも。
午後からバイトなんだ。

Tomorrow night might be tough. I have my part-time job from the afternoon.
啊，可能不行。我明天从下午开始要打工。
아, 좀 힘들겠는데？오후부터 알바야.

2

：来月の歓迎会なんですけど、
3,500円で飲み放題付きで探そうかと
思ってるんですけど。

For next month's welcome party I'm thinking of looking for a place that
has a 3,500 yen course with all-you-can-drink included.
下个月的欢迎会，我打算找找看人均 3,500 日元带畅饮的店。
다음 달에 있는 환영회 말인데요 , 3,500 엔에 음료 무제한 코스로 알아보려고요 .

：3,500円じゃ厳しいと思うよ。
4,000円なら、なんとかありそうな気もするけど。

3,500 yen's going to be tough. 4,000 yen and I feel like there might be a
place.
3,500 日元的可能不太好找吧。4,000 日元的话，可能还能找得到。
3,500 엔이면 찾기 힘들걸？4,000 엔이라면 어딘가 있긴 하겠지만 .

2 日目

軽い
かる

Flirty / Casual
軽浮；可信度低
가볍다

小川くん

そのスカート、かわいいね！

カフェ、行かない？

1

: 小川君って女子ウケがすごいよね。

Girls really seem to like Ogawa.
感觉小川他很受女孩子欢迎呢。
오가와, 여자들한테 인기 많지?

: 軽いからじゃない？

Because he's so lighthearted about everything?
可能是因为他比较轻浮吧?
가벼워서 그런 거 아냐?

: 重い男よりいいじゃん。

Better than a man who's serious all the time.
总比那种给人容易压力的好的。
부담스러운 남자보단 낫지.

2

: 山田君 (😊) の言葉って軽いよね。

Yamada is pretty thoughtless when he speaks.
山田讲的话真是不能当真。
야마다가 하는 말은 뭔가 가벼워 (믿음이 안 가).

: コロコロ意見を変えますしね (笑)。

He changes his opinions all the time, too. (laughs)
意见老是变来变去的 (笑)。
의견도 자주 바꾸고요 (웃음).

: ちょっと！
こんな好青年をいじめないでよー。

Hey! Stop hating on my boyish good charm.
喂! 别欺负我这种好青年啊!
왜들 그래? 이 착하고 순수한 청년을 괴롭히지 말라고!

Nにうるさい

Choosy about ~ / Strict about ~
対～挑剔；対～讲究
① - 에 까다롭다 , - 을 / 를 보는 눈이 까다롭다 ② - 에 엄격하다

1 👦：佐々木さん（👧）の誕生日プレゼント、

イヤリングとか_はどう？

How about something like earrings for Sasaki's birthday present?
买个耳环给佐佐木同学当生日礼物怎么样？
사사키 생일 선물 , 귀걸이는 어때 ?

👧：あ、はなちゃん（👧）_は小物にはうるさいよ。

Actually Hana's pretty picky when it comes to accessories.
啊，小花她对这种小饰品可挑剔了。
아 , 하나는 악세사리 보는 눈 까다로워 .

👦：じゃあ、気に入ってもらえない可能性_が高いかな。

他のにしようか。

Then I guess there's a high possibility she won't like them. Let's go with something else.
那很可能会不喜欢我们选的耳环吧。还是送别的好了。
그럼 마음에 안 들어할 가능성이 높으려나 ? 다른 걸로 할까 ?

2 👩：新しい部長_{って}時間にうるさいらしいよ。

I hear the new manager is strict about tardiness.
新部长好像对时间很严格。
새로 오신 부장님 , 시간 약속에 엄격하시대 .

👩：え、じゃあ、山田さん（👨）に

会議に遅れないように言わなくちゃ（笑）。

Well, then I'll have to tell Yamada not to be late to meetings. (laughs)
欸？那得提醒一下山田前辈，开会别迟到（笑）。
아 , 그럼 야마다 씨한테 회의 늦지 말라고 얘기해야겠다 (웃음).

4 日目

熱い
<small>あつ</small>

Active / Enthusiastic
充满热情的；积极性高的
열정적이다, 열렬하다, 열심이다

1 😊 ： 明日も 10 時までサークルの朝練。

あした　じ　　　　　　　　　　　　　あされん

I have morning practice with my circle until 10 tomorrow, too.
明天 社团活动也是晨练到 10 点。
내일도 10 시까지 동아리 아침 훈련이야 .

😊 ： 相変わらず、熱いね (笑)。

あい か　　　　　あつ

青春真っただ中じゃん。

せいしゅん ま　　　なか

As usual, you're really getting after it. (laughs) Not wasting a minute of
your youth, are you?
你还是这么热血（笑）。还真是青春啊。
여전히 열정적이네 (웃음). 청춘을 제대로 불태우는구나 .

2 😊 ： 新入社員の東野さんってなんか熱い人だね。

しんにゅうしゃいん　ひがし の　　　　　　　あつ　ひと

That new employee Higashino seems pretty enthusiastic, doesn't he?
新来的那个东野，干活好积极啊！
신입 사원인 히가시노 씨 말야 , 아주 열정적인 사람이네 .

😊 ： あ、なんか「私は会社が命です」みたいな

わたし　かいしゃ　いのち

感じだもんね。

かん

Yeah, one of those "My job is my life" kind of guys.
啊，有种"公司就是我的命"的感觉。
아 , 뭔가 '저는 회사에 목숨을 걸었습니다' , 이런 느낌이지 ?

😊 ： 燃え尽き症候群にならないといいけど。

も　つ　しょうこうぐん

Just hope he doesn't burn himself out.
别到时候把自己燃烧殆尽，后劲不足就好。
나중에 번아웃 증후군을 앓지 않아야 할 텐데…… .

まずい

Bad / Terrible / Clumsy
糟糕；不妙
곤란하다, 안 되다

1 😊 ： 小野さん_がまたサークルの後輩と
衝突したみたいだよ。

Sounds like Ono had another conflict with a junior member of his circle.
小野好像又和社团的后辈闹矛盾了。
오노 , 또 동아리 후배랑 부딪혔나 봐 .

😊 ： 次期部長なのに**まずい**よね。
根はいい人なんだけど、
後輩への話し方がちょっとね。

That's not good for someone who's going to be the next captain. He means well but the way he talks to the junior members is a bit much, isn't it?
他可是下一任部长啊，真有点不太妙啊。他这个人本质是好的，但是和后辈讲话的方式有点太……
차기 부장인데 그러면 안 되지 . 천성은 착한데 후배랑 얘기할 때 보면 말투가 좀
…….

2 😊 ： 今日、部長_が鈴木君（😊）たちのプロジェクトの
途中経過_を聞きたいってよ。

Today the manager said she wanted to hear how you guys are progressing on your project.
今天部长问了铃木他们项目的进行情况诶！
오늘 부장님이 스즈키 너희 팀 프로젝트 중간 보고 듣고 싶으시대 .

😊 ： え、本当ですか。
まずいですよ。
まだ全然進んでないですもん。

Really? That's bad. We still haven't made any progress.
欸？真的吗？这下糟了。还完全没有进展啊。
아 , 정말요 ? 곤란한데……. 아직 전혀 진행 안 됐거든요 .

音を変える ❸

カジュアルに話すとき、よく「～ので」を「～んで」に変えます。「です・ます」を使って話すときも、変えることができます（少しカジュアルになります）。

😊→😄 : 最近、外食*1 をしすぎた<u>ので</u>、金欠*2 なんだ。

    ► 最近、外食＿＿しすぎた<u>んで</u>、金欠なんだ。

                    ＊1 eating out ／在外面吃饭／외식
                    ＊2 poor ／缺钱／돈이 부족하거나 없는 상태

😬→😐 : 人間ドックの結果*が悪かった<u>ので</u>、今日からたばこをやめる。

    ► 人間ドックの結果＿＿悪かった<u>んで</u>、今日からたばこ＿＿やめる。

        ＊ the result of (my) medical examination ／体检的结果／종합 건강 검진 결과

😐→😊 : 私の父は魚屋な<u>ので</u>、魚に詳しい*よ。

    ► 私の父＿＿魚屋な<u>んで</u>、魚に詳しいよ。

        ＊ knows a lot about ／了解；知道得多／(~ 에 대해) 잘 알다 , 빠삭하다

😊→😐 : あのパン屋は有名な<u>ので</u>、よく人が並んで*いますよ。

    ► あのパン屋＿＿有名な<u>んで</u>、よく人＿＿並んでますよ。

                          ＊ line up ／排队／줄을 서다

「話」のことば
はなし

Expressions that use hanashi (story)

与「話」相关的词组

「話」를 포함하는 표현

1 日目
つく ばなし わか ばなし
作り話／別れ話

2 日目
はな じょうず はな へ た
話し上手／話し下手

3 日目
はなし ちが
話が違う

4 日目
はなし
話がわかる

5 日目
はなしはんぶん
話半分

ざつ だん ひ けつ
雑談の秘訣 6

おと か
音を変える ❹

1 日目

作り話／別れ話

Made-up story / Breakup talk
编造的话 / 提分手的话
지어낸 이야기 / 이별 이야기 (헤어지자는 이야기)

1 😊 : 昨日の森君 (😊) の話_{って}本当かな？

I wonder if that story Mori told yesterday is true.
昨天森说的是真的吗？
어제 모리가 한 얘기 , 정말일까 ?

😊 : 作り話じゃない？

Probably made it up, don't you think?
瞎编的吧？
지어낸 얘기 아냐 ?

😊 : やっぱりありえないよね。

Yeah, I figured it was.
的确是不太可能。
역시 말도 안 되지 ?

2 😊 : 昨日、彼女に別れ話_をされる夢_を見て、
冷や汗_をかいちゃった。

Yesterday I had a dream that my girlfriend was breaking up with me and I woke up in a cold sweat.
昨天梦到女朋友跟我提分手，吓得我一身汗。
어제 꿈에서 여자 친구가 헤어지자고 해서 식은땀 흘렸어 .

😊 : 正夢にならないように気をつけてね (笑)。

Be careful it doesn't come true. (laughs)
那你可得小心，别成真了啊（笑）。
꿈이 현실이 되지 않도록 조심해 (웃음).

2 日目

話し上手／話し下手

Good at conversation / Bad at conversation
会说话 / 不会说话
말을 잘함 , 말솜씨가 좋음 / 말을 잘 못함 , 말재주가 없음

1 😊：佐々木さん（ 🎭 ）って本当に話し上手だよね。

Sasaki is really good at conversation, isn't she?
佐佐木同学真的好会说话啊。
사사키는 정말 말을 재미있게 잘하는 것 같아 .

😊：ね。はなちゃん（ 🎭 ）がいると、
飲み会も盛り上がるしね。

Right? She always spices up our drinking parties.
确实。每次去喝酒只要有小花在，场子就能热起来。
그치 ? 하나가 있으면 술자리 분위기도 좋아 .

2 😊：俺ってあまりよく知らない人と二人っきりになると、
一気に話し下手になるんだよね。

Whenever I'm left alone with someone I don't know well, I immediately
lose all ability to have a conversation.
我只要和不熟的人单独待在一起，一下子就不会说话了。
나는 잘 모르는 사람이랑 단둘이 있으면 갑자기 말을 잘 못하겠더라 .

😊：いや、仲がいい人といても、
そんなに変わらないよ（笑）。

No, you're that way with people you know well, too. (laughs)
不是。和关系好的人在一起你也这样（笑）。
아냐 , 넌 친한 사람이랑 있어도 별반 다르지 않아 (웃음).

😊：うわ、言うねー。

Hah, you got me.
哇，你这也太狠了。
와 , 그냥 넘어가질 않는군 .

65

（3）日目

話が違う

Different from what was originally said
和说好的不一样
이야기가 다르다

1

👩 : さっき、部長に来月の出張も行けって
言われました。

The boss just told me to go on the business trip next month too.
刚才部长跟我说，让我下个月去出差。
아까 부장님이 다음 달 출장도 저보고 가라고 하셨어요 .

👩 : え、話が違うよね？
次は私の番じゃない？

What? That's not right. Isn't it my turn next?
欸？这和说好的不一样啊，下一个不是我吗？
어 ? 이야기가 다르지 않아 ? 다음은 내 차례 아냐 ?

👩 : ですよね。
部長の勘違いだと思いますので、
もう一度確認してみますね。

That's what I thought. I think the boss is mixed up, so I'll check again.
对吧！我觉得可能是部长误会了，我再去确认一下。
그렇죠 ? 부장님이 착각하신 것 같으니까 다시 한번 확인해 볼게요 .

2

👧 : え、じゃあ、平日もバイトに入んないといけないの？

Wait, so you need to work your part-time job on weekdays too?
欸？那平时工作日也要去打工吗？
어 ? 그럼 평일에도 알바 해야 돼 ?

👦 : うん。面接のときと話が違うんだよね。
週末だけでいいっていう話だったんだけど。

Yeah. Not what I was told during the interview. "Just the weekends," they said.
嗯。和面试时说好的不一样啊。之前说的是周末去就行了。
응 . 면접 때랑 얘기가 다르더라고 . 주말만 해도 된다고 했었는데…….

話がわかる

Know what's up / Get it
明事理
말이 통하다 , 척하면 척이다 , 눈치가 빠르다

4 日目

1 😊 : 来週の水曜日の森君 (🐗) の誕生日に
サプライズパーティーをしない？

Want to throw a surprise party for Mori's birthday next Wednesday?
下周三是森的生日，要不要开个惊喜派对啊？
다음 주 수요일이 모리 생일이잖아. 서프라이즈 파티 안 할래?

😎 : あ、いいね。
じゃ、例の森が好きな子に声をかけてみるね。

Sounds good. I'll try inviting that girl Mori likes.
啊，可以有。那我去跟那个森喜欢的女孩子打个招呼。
어, 그거 괜찮다. 그럼 모리가 좋아하는 그 애한테 얘기해 볼게.

😊 : 話がわかるね！

You know what's up.
你可真懂！
역시 말이 통하는군!

2 😊 : 来週の出張のときのホテル、
飲み屋街のど真ん中に予約しておいたから。

I reserved a hotel for next week's business trip right at the center of the bar district.
下周出差的酒店，他们帮我预约在酒馆一条街的中心了。
다음 주 출장 때 묵을 호텔 말인데, 번화가 한가운데로 예약해 뒀어.

😊 : 話がわかる上司を持って幸せです (笑)。

It's so nice to have a boss who gets it. (laughs)
有这么贴心的上司真是太幸福了（笑）。
눈치가 빠른 상사를 모시고 있어서 행복합니다 (웃음).

5 日目

はなし はん ぶん
話半分

Only half the story / Take it with a grain of salt
说的话半真半假
얘기의 반 정도는 과장・거짓말임

1 週目

2 週目

3 週目

4 週目

5 週目

6 週目

7 週目

8 週目

9 週目

10 週目

11 週目

12 週目

1 🧒 ：森君 (😊)_が夏休みに歩いて大阪まで行くんだって。

This summer vacation Mori said he's going to walk all the way to Osaka.
森说他暑假的时候要走着去大阪。
모리가 여름 방학 때 걸어서 오사카까지 가겠대.

👩 ：森君の言うこと_はいつも話半分だからね (笑)。

You always have to take what Mori says with a grain of salt. (laughs)
他的话都只能听一半的 (笑)。
모리 얘기는 반만 믿어야 돼 (웃음).

🧒 ：そうだね。たぶん、今度会ったら、
その話_を忘れてるかもね (笑)。

That's true. He'll probably forget he said it the next time we meet. (laughs)
确实。大概下次见面的时候，他可能就已经忘了吧 (笑)。
그러게 말이야. 아마 다음에 만났을 때 물어보면 기억도 못 할걸 (웃음)?

2 🧑 ：知り合い_が仮想通貨で結構儲けて、
僕も勧められたんですよ。

An acquaintance said he made money on crypto currencies and recommended I try it.
我有个认识的人靠虚拟货币赚了不少钱，还推荐我也去。
아는 사람이 가상 화폐로 돈을 꽤 벌었다고 저한테도 해 보라고 하더라고요.

👨 ：あー、でも、儲け話は話半分で聞いてたほうが
いいよ。

Yeah, but you should always take get-rich-quick schemes with a grain of salt.
啊——，不过这种赚钱的话听半分就行了，别太当真。
그런 돈벌이 얘기는 반이 과장이라고 생각하고 듣는 게 좋아.

音を変える❹

　カジュアルに話すとき、よく「～てしまう」を「～ちゃう」に変えます。そして、「～でしまう」を「～じゃう」に変えます。「です・ます」を使って話すときも、変えることができます（少しカジュアルになります）。

😊 →😊 ： もう政治学*のレポートを書いてしまった？

　　▶ もう政治学のレポート＿＿書いちゃった？

　　　　　　　　　　　　　　　　　　　　　　　　　＊ political science ／政治学／정치학

😊 →😊 ： 遠慮しないで*、全部飲んでしまって。

　　▶ 遠慮しないで、全部飲んじゃって。

　　　　　　　　　　　　　＊ Feel free to ... ／别客气；不客气；没客气／사양하지 말고

😊 →😊 ： あ、財布を持って来るのを忘れてしまいました。

　　▶ あ、財布＿＿持って来るの＿＿忘れちゃいました。

😊 →😊 ： 僕はワインがないと、死んでしまうかもしれません。

　　▶ 僕＿＿ワイン＿＿ないと、死んじゃうかもしれません。

リアクションのことば ①

Reaction phrases ❶
用于应答的说法 ❶
리액션 표현 ❶

1日目
そうかなー／
そうですかねー

2日目
そういう意味じゃ
ないけど

3日目
そう言われれば
そうだね

4日目
それはあるね

5日目
だから、
言ったじゃん

雑談の秘訣 7
音を変える ❺

1 日目

そうかなー／
そうですかねー

I'm not so sure / Really? / Is that so?

这样吗?

그런가 ?, 글쎄 / 그런가요 ?, 글쎄요

1

👧 : 今学期あと１つ授業_が取れるんだけど、
韓国語とかにしようかなー。

I can take one more class this semester. I'm thinking of taking Korean or something.

这学期还能再修一门课。要不选韩语什么的吧？

이번 학기 수업 하나 더 들을 수 있는데 한국어나 들을까 ?

👦 : え、やめときなよ。
教育学系のほうが単位_が取りやすいって。

What? Don't do that. Education classes are easier credit.

欸？别吧。要我说，还是教育学类的课学分比较好拿。

그거 듣지 마 . 교육학 관련 과목이 학점 따기 쉬워 .

👧 : そうかなー。
教育学_{って}専門用語_を
たくさん覚えなくちゃいけないでしょ。

Really? But you have to memorize a bunch of technical terms for education classes.

这样吗？感觉教育学的话，得记好多专业术语吧？

그런가 ? 교육학은 전문 용어 많이 외워야 하잖아 .

2

👨 : 次の社長_は田村副社長の可能性_が高いんじゃない？

The next company president is likely to be Tamura, right?

下一任社长很有可能是田村副社长吧？

차기 사장님은 다무라 부사장님이 될 가능성이 높지 않아 ?

👩 : そうですかねー。
アンチも多いようですけどね。

Is that so? It seems that many people dislike Tamura.

是吗？感觉反对他的人也挺多的。

글쎄요 . 안티도 많은 것 같던데…….

② 日目

そういう意味じゃ

ないけど

That's not what I mean
不是这个意思
그런 뜻은 아니고 , 그런 의미는 아니고

そういう意味じゃ…

1 🗣 : 来月からバイトが忙しくなるから、

サークルに行けなくなるかも。

Next month I'll be busy with my part-time job so I might not be able to come to the circle.
我下个月打工会很忙，可能会参加不了社团活动。
다음 달부터 알바 때문에 바빠져서 동아리 못 갈지도 몰라 .

🗣 : え、じゃ、やめるの？

What, are you going to quit then?
欸？那你要退出社团吗？
어 ? 그럼 그만 두는 거야 ?

🗣 : いや、**そういう意味じゃないけど。**

No, that's not what I mean.
没有，我不是这个意思。
아니 , 그런 뜻은 아니고 .

🗣 : じゃあ、どういう意味？

Well, what do you mean?
那你是什么意思？
그럼 무슨 뜻인데 ?

2 🗣 : 新しい取引先のときは、いきなり仕事の話をするより、

まずは雑談とかしたほうがいいよ。

When you get a new client it's better to first start with some small talk rather than going straight into a business discussion.
和新的合作方聊工作的事情之前，还是先闲聊一下比较好。
새로운 거래처에 갔을 때는 갑자기 업무 얘기를 꺼내는 것보다 일상적인 얘기부터 시작하는 게 좋아 .

🗣 : やっぱり私って営業に向いてないんですかね。

Maybe I'm not cut out for sales after all.
果然我还是不适合跑销售啊。
역시 전 영업 체질은 아닌가 봐요 .

🗣 : いやいや、**そういう意味じゃないけど。**

もっと自分を知ってもらったほうがいいと思うよ。

No, no, that's not what I mean. It's better to let them know a little more about yourself.
不是不是，我不是这个意思。我是说，可以先让对方多了解一下自己比较好。
아니 , 그런 의미는 아니고 . 좀 더 본인을 어필하는 게 좋아 .

③ 日目

そう言われればそうだね

Now that you mention it, you're right
这么说的话还真是
듣고 보니 그렇네

1 🧑 : そのスカートの色、靴と合ってないよ。

The color of your skirt doesn't match your shoes.
你这条裙子的颜色，感觉和鞋子不搭啊。
그 치마 색깔 , 구두랑 안 어울려 .

👩 : あ、**そう言われればそうだね。**
ちょっと着替えてくる。

Ah, now that you mention it, you're right. I'll go change.
啊，被你这么一说还真是。我去换一下。
아 , 듣고 보니 그렇네 . 옷 갈아입고 올게 .

---

2 🧑 : 最近、高橋さん (🧑) 、あまり元気がないよね。

Takahashi doesn't seem too happy lately.
感觉最近高桥没什么精神啊。
요즘 다카하시 기운이 별로 없어 보이더라 .

👩 : あ、**そう言われればそうですね。**

Now that you mention it, you're right.
啊，这么一说还真是。
아 , 듣고 보니 그렇네요 .

👩 : 今度ご飯でも誘いましょうか。

Should we invite her out to eat next time?
下次找她吃个饭吧？
조만간 밥이라도 먹으러 가자고 할까요 ?

④ 日目

それはあるね

Yeah, that's true
确实有可能
그건 그래

1 野村さん_が来たら、山崎君（😊）_は来ないと思うよ。

I think if Nomura comes then Yamazaki won't show up.
如果野村来的话，山崎可能就不来了。
노무라가 오면 야마자키는 안 올걸 ?

あ、それ_はあるね。

Ah, yeah, that's true.
啊，确实。
아 , 그건 그래 .

だから、今回は野村さん_を誘うの_はやめとこうか。

Then next time let's not invite Nomura.
所以这次还是不要叫野村了吧？
그러니까 이번엔 노무라는 부르지 말자 .

2 ネガティブなこと_を言う人と一緒にいると、
こっちも嫌な気持ちになるよね。

If I'm around people who say negative things, I also start to feel negative.
老是和丧的人在一起的话，自己的心情也会不好。
부정적인 얘기를 하는 사람이랑 같이 있으면 나까지 기분이 우울해져 .

それ_はありますね。
でも、なんかあったんですか？

Yeah, that's true. Did something happen?
确实。是出什么事了吗？
그건 그래요 . 근데 무슨 일 있었어요 ?

5 日目

だから、言ったじゃん

I told you so
所以啊，我就说嘛
그렇게 내가 말했잖아

1
1週目

2
2週目

3
3週目

4
4週目

5
5週目

6
6週目

7
7週目

8
8週目

9
9週目

10
10週目

11
11週目

12
12週目

1

👩 ：会場が開くまで、まだ1時間もあるよ。

We still have an hour before the venue opens.
距离会场开放还有一个小时呐！
개장하려면 아직 한 시간이나 남았어 .

👧 ：早く着きすぎちゃったね。

We got here too early, didn't we?
不小心来太早了。
너무 빨리 도착했네 .

👩 ：だから、言ったじゃん。
もう一本遅い電車でよかったんだって。

That's what I was saying. We should have come on a later train.
所以我说坐下一趟电车就行了嘛！
그러게 내가 말했잖아 . 다음 전철 타도 된다고 .

👧 ：わりー、わりー。

My bad.
怪我怪我。
미안 , 미안 .

2

👦 ：今月、バイトを入れすぎて、死にそう。

My part-time job is killing me this month.
这个月，打工排班排太多了，要命了。
이번 달 , 알바가 너무 많아서 힘들어 죽을 것 같아 .

👧 ：だから、言ったじゃん。
入れすぎだって。
もうバイト先に住んでるレベルじゃん（笑）。

What did I tell you? You work too much. You might as well be living at your work. (laughs)
我就说嘛！你排得太多了。简直就跟住在那儿差不多了（笑）。
그러게 내가 말했잖아 . 알바 너무 많이 잡는다고 . 이건 알바하는 데서 사는 수준이 잖아 (웃음) .

👦 ：それは言える。

You can say that again.
是可以这么说了。
네 말이 맞아 .

音を変える ❺

カジュアルに話すとき、よく「〜ておく」を「〜とく」に変えます。そして、「〜でおく」を「〜どく」に変えます。「です・ます」を使って話すときも、変えることができます（少しカジュアルになります）。

→ ： 明後日の居酒屋*を予約しておいたよ。

　▶ 明後日の居酒屋＿＿予約しといたよ。

　　　　* *izakaya* (Japanese bar) ／居酒屋／술집

→ ： 酔い止め*を飲んでおいたほうがいいと思うよ。

　▶ 酔い止め＿＿飲んどいたほうがいいと思うよ。

　　　　* medicine for motion sickness ／晕车药／멀미약

→ ： 明日までに資料*を読んでおいてね。

　▶ 明日までに資料＿＿読んどいてね。

　　　　* the documents ／资料／자료

→ ： 災害用*に水をもっと買っておきますか？

　▶ 災害用に水＿＿もっと買っときます＿＿？

　　　　* in case of an emergency ／防灾应急用的／재난용

「いい」のことば

Expressions that use ii (good/OK)

关于「いい」的词组

「いい」를 표로함하는 표현

1 日目
にちめ

Nがいい

2 日目
にちめ

Nでいい

3 日目
にちめ

まあ、いいか

4 日目
にちめ

もういい

5 日目
にちめ

じゃあ、いい

雑談の秘訣 8
ざつだん ひけつ

音を変える ❻
おと か

1 日目

Nがいい

~ is good
～可以；～比较好
- 이/가 좋다

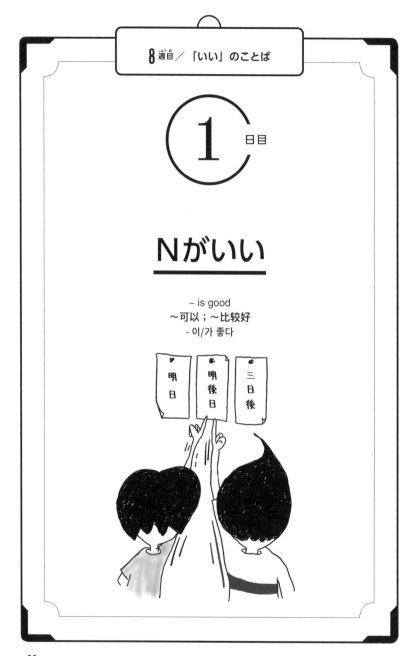

1

👩 : プレゼンの準備、いつ会う？

When should we meet to prepare our presentation?
什么时候见个面，一起准备发表啊？
프레젠테이션 준비 말인데 , 언제 만나서 할래 ?

🧑 : 俺は明後日がいいかな。

The day after tomorrow is good for me.
我后天可以。
난 모레가 좋을 듯 .

👩 : あ、私もその日がいい。

That day is good for me, too.
啊，我那天也可以。
아 , 나도 그날이 좋아 .

2

👩 : お母さんの誕生日プレゼント、なにがいいと思う？

What do you think would be good for mom's birthday present?
你觉得给妈送什么生日礼物比较好啊？
엄마 생일 선물 , 뭐가 좋을까 ?

👩 : そうだなー。
おしゃれな老眼鏡は？

Let's see... How about a pair of stylish reading glasses?
我想想。时尚一点的老花眼镜怎么样？
글쎄……. 세련된 돋보기 안경은 어때 ?

👩 : あ、いいんじゃない？

Ah, that sounds good.
啊，好像可以欸！
어 , 그거 괜찮다 !

2 日目

Nでいい

Alright with ~
～就可以
-(이) 라도 괜찮다

今晩も昨日のカレー

1

🧑 : 今晩、お母さんがいないから、
今日の晩ご飯は昨日の残りのカレーでいい？

Mom's not here tonight, so for tonight's dinner are you alright with the leftover curry from yesterday?
今天晚上妈不在家，晚饭就吃昨天剩的咖喱行吗？
오늘 밤 엄마 없으니까 저녁은 어제 먹다 남은 카레라도 괜찮아？

👧 : うん、いいよいいよ。

カツもほしいな。

Yep, sounds good. I want a deep-fried pork cutlet too.
嗯，可以可以。再来点炸猪排吧。
응, 괜찮고말고. 근데 돈가스도 먹고 싶다.

🧑 : スーパーのでいい？

Alright with one from the supermarket?
超市卖的那种行吗？
슈퍼에서 산 거라도 괜찮아？

👧 : もち。

No prob.
当然。
물론이지.

2

🧑 : あの企画書は今週の火曜日で間に合いますか？

Would this Tuesday be alright to finish that business proposal?
那个企划书，这个星期二交来得及吗？
그 기획서, 이번 주 화요일까지 하면 되나요？

👧 : あ、金曜日でいいよ。
まだ余裕があるし。

Oh, Friday's fine. Still plenty of time.
啊，星期五交就行。反正还有时间。
아, 금요일이라도 괜찮아. 아직 여유 있어.

まあ、いいか

Forget it / Whatever
行吧
괜찮겠지 , 뭐

1

👤 : あ、スマホを持ってくるのを忘れた。

Ah, I forgot to bring my smartphone.
啊……我忘带手机了。
아 , 스마트폰 안 가지고 왔다 .

👩 : なくても死にはしないよ。

You're not going to die without it.
死不了。
없어도 안 죽어 .

👤 : そうだね。

まあ、いいか。

That's true. Forget it, then.
也是。行吧。
그치 ? 괜찮겠지 , 뭐 .

2

👩 : これだけ準備したら、いいんじゃない？

This is enough preparation, don't you think?
准备这些应该就够了吧？
이 정도 준비하면 되겠지 ?

👩 : 完璧じゃないけど、**まあ、いいか。**

It's not perfect but whatever.
虽然不算完美，就这样吧。
완벽하진 않지만 괜찮겠지 , 뭐 .

④ 日目

もういい

Fine / Don't worry about it
行了；算了
이제 됐다 , 이제 괜찮다

1

🧑 : 森君(☺)はまだ来ないね。
もう6時15分だよ。

Mori's still not here. It's already 6:15.
森怎么还没来。都 6 点 15 分了。
모리 , 아직도 안 오네 . 벌써 6 시 15 분인데 .

👧 : もういいよね。
先に行ってようか。

Enough is enough. Let's just go.
不等了吧？我们先走吧？
이 정도 기다렸으면 됐지 . 먼저 가 있을까 ?

2

👩 : 借りたお金は明日返すね。

I'll pay you back what I owe you tomorrow.
借的钱我明天还你哦。
빌린 돈 , 내일 갚을게 .

👩 : あ、お金のことは、もういいよ。

Ah, don't worry about it.
啊．那个钱不用还我了。
아 , 그 돈 안 갚아도 돼 . (그 돈 안 갚아도 괜찮아 .)

👩 : え、それじゃ悪いから、今度おごるね。

Well that's not fair. I'll treat you next time.
欸？这也不太好意思了，下次我请你吃饭。
어 ? 그럼 미안하니까 다음에 내가 한턱 쏠게 .

5 日目

じゃあ、いい

Ah, never mind then / Oh, that's okay
那算了
그럼 됐어

1

🧑‍🦰 : 明後日、空いてる？

Are you free the day after tomorrow?
后天你有空吗？
모레 , 시간 돼 ?

👩 : あ、ちょっと忙しいかも。

でも、なんで？

Uh, I might be busy. Why?
啊，可能会有点忙。怎么了吗？
아 , 좀 바쁠 것 같은데…… . 근데 왜 ?

🧑‍🦰 : あ、**じゃあ、いい**。

大したことじゃないから。

Ah, never mind then. It's not important.
啊，那算了。也不是什么要紧事。
아 , 그럼 됐어 . 별일 아니야 .

2

👩 : 大将、今日、生鯖はありますか？

Do you have any raw mackerel today?
老板，今天有鲜青花鱼片吗？
사장님 , 오늘 생고등어 있어요 ?

👳 : あ、すみません。

しめ鯖ならありますけど。

Sorry, we don't. We do have vinegared mackerel, though.
啊，抱歉。腌渍的倒是有。
아 , 죄송합니다 . 식초에 절인 고등어라면 있는데…… .

👩 : あ、**じゃあ、いいです**。

なにか他のにします。

Oh, that's okay. I'll go with something else.
啊，那算了。我点别的好了。
아 , 그럼 됐어요 . 다른 걸로 할게요 .

音を変える❻

カジュアルに話すとき、よく「〜て行く」を「〜てく」に変えます。そして、「〜で行く」を「〜でく」に変えます。「です・ます」を使って話すときも、変えることができます（少しカジュアルになります）。

👧→👧：じゃあ、私がお菓子を買って行くね。

▶ じゃあ、私＿お菓子＿買ってくね。

👩→👧：森君も誘って行こうか。

▶ 森君も誘ってこうか。

👨→👩：その前にちょっとビールを飲んで行かない？

▶ その前にちょっとビール＿飲んでかない？

👩→👦：妹も連れて行きますね。

▶ 妹も連れてきますね。

あ、「連れて来ます」と同じ音！

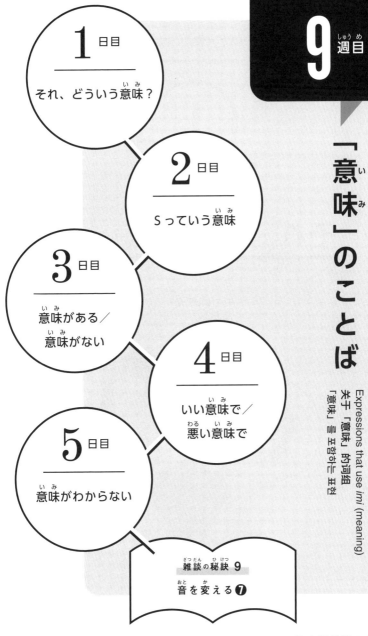

1 日目
それ、どういう意味？

2 日目
Sっていう意味

3 日目
意味がある／
意味がない

4 日目
いい意味で／
悪い意味で

5 日目
意味がわからない

雑談の秘訣 9
音を変える ❼

「意味」のことば

Expressions that use imi (meaning)
关于「意味」的词组
「意味」言 표呈함と 표현

日目

それ、どういう意味？

Why's that? / What's that supposed to mean?
这什么意思?
그거 무슨 의미야 ?, 그거 무슨 뜻이야 ?

1

🧑‍🦰 ： ゆか (👧)_が買_かうんだったら、私_{わたし}は やめとく。

If you're going to buy it then I won't.
如果由佳你买的话，那我就不买了。
유카 네가 산다면 난 안 살래 .

👧 ： え、 それ_は どういう意味_{いみ}？

Huh? Why's that?
欸？什么意思？
응 ? 그거 무슨 뜻이야 ?

🧑‍🦰 ： かぶったら、 いやでしょ。

You don't want me copying you.
你也不喜欢跟人撞款吧。
겹치면 좀 그렇잖아 .

2

👨 ： 部長_{ぶちょう}に無理_{むり}なお願_{ねが}い_ができるの_は
鈴木君_{すずきくん} (🙎) しかいないよね。

You're the only one who can ask the boss for something unreasonable.
能跟部长提那种过分的要求的也只有铃木了吧。
부장님께 무리한 부탁을 할 수 있는 사람은 스즈키 너밖에 없어 .

🙎 ： 山田_{やまだ}さん (👨)、 それ_は どういう意味_{いみ}ですか (笑)。

What's that supposed to mean? (laughs)
山田前辈，你这是什么意思啊（笑）？
야마다 씨 , 그거 무슨 뜻이에요 (웃음)？

👨 ： だって、 部長_{ぶちょう}は鈴木君_{すずきくん}の単刀直入_{たんとうちょくにゅう}キャラ_を
結構気_{けっこうき}に入_いってるじゃん。

Well, the boss likes that you're someone who gets right the point.
因为感觉部长还蛮欣赏你这种直话直说的性格的。
왜냐면 부장님이 스즈키의 단도직입적인 성격 , 꽤 마음에 들어하시잖아 .

② 日目

Sっていう意味

It means…
〜的意思
- 라는 의미 , - 라는 뜻

1 🖤：もうお腹いっぱいになっちゃった。

I'm already full.
我已经吃饱了。
아 , 배부르다 .

🍳：えー！
それっ<u>てこの後のスイーツはなし</u>っていう意味？

What! Does that mean you're not going to get dessert after this?
欸！？这意思是后面不吃甜点了吗？
뭐 ? 그거 디저트는 안 먹겠다는 의미야 ?

🖤：いやいや、それは別腹。

No way, there's always room for dessert.
不不不，甜点那就是另一回事儿了。
아니 , 후식 배는 따로 있지 .

---

2 👩：この山田さん（😊）のメモの意味_が

おわかりになります_か？

Did you understand what Yamada meant by his memo?
你看得懂山田前辈这个便笺什么意思吗？
야마다 씨가 쓴 이 메모 , 무슨 뜻인지 아시겠어요 ?

😊：山田君のことだから、
<u>お昼</u>_は<u>食べすぎるな</u>っていう意味だと思うよ。

This is Yamada we're talking about. I think he meant "don't eat too much for lunch."
山田嘛，肯定是中饭别吃太多之类的意思吧。
야마다 성격상 점심은 과식하지 말자는 뜻일걸 ?

👩：え、「今晩は焼肉食べ放題」がですか……。

That's what he meant by "tonight is all-you-can-eat yakiniku"?
欸？是 "今晚吃烤肉自助" 啊……
네 ? '오늘 저녁은 고기 뷔페 ' 가 말인가요 ?

3 日目

意味がある／意味がない

Meaningful / No point
有意义 / 没有意义
의미가 있다 / 의미가 없다

1

😊 : なんか意味_がある生き方_がしたいなあ。

I really wish I could live more meaningfully.
真希望能活得有意义点。
뭔가 의미 있는 인생을 살고 싶어 .

👧 : え、今の人生は意味_がないの？（笑）

So your life right now isn't meaningful? (laughs)
欸？难道你的人生到现在没什么意义吗？ （笑）
응 ? 지금 인생은 의미가 없어 ? (웃음)

😊 : バイト漬けの毎日だからね。

I'm stuffed to the gills with my part-time job.
就每天除了打工还是打工。
매일 알바에 찌들어 있잖아 .

2

😊 : 来週の大阪のセミナー_は参加する意味_がないよね。

There's no point in going to the seminar in Osaka next week.
下周的那个大阪的讲谈会，参加了也没什么意义吧？
다음 주 오사카에서 열리는 세미나 , 참가하는 의미 없을 것 같아 .

👧 : まったく分野_が違いますからね。

Yeah, it's a completely different field.
完全跟我们不是一个领域的。
분야가 전혀 다르긴 하죠 .

😊 : 食品業界と建築業界に

どんな関係_があるんだろうね（笑）。

How is the food industry related to the architecture industry anyway?
(laughs)
也不知道食品行业和建筑业行业到底有什么关系（笑）。
식품 업계하고 건축 업계가 무슨 관계가 있다는 거지 (웃음) ?

いい意味で／悪い意味で

Mean in a good / bad way
褒义的 / 贬义的
좋은 의미로 / 나쁜 의미로

1

森君(😊)って**いい意味で変わってる**よね。
もりくん　　　　　　　いみ　か

Mori, you're weird, and I mean that in a good way.
森你这人吧，有点怪，褒义的那种。
모리 너는 좋은 의미로 좀 특이해 .

😊：えー、それ_{って}**褒め**てるの？
　　　　　　　　　ほ

What, is that a compliment?
呃，你这是在夸我？
응 ? 그거 칭찬이야 ?

2

😊：昨日の立食パーティーで
　　きのう　りっしょく

田中さん(👩)、とても**目立って**たよ。
た なか　　　　　　　　　め だ

You really stood out at the buffet party yesterday.
昨天的那个无座派对，田中你可太引人注目了。
어제 스탠딩 파티 때 다나카 꽤 눈에 띄더라 .

👩：え、それ_{って}**悪い意味**でですか？
　　　　　　　　わる　いみ

Do you mean that in a bad way?
欸？贬义的？
네 ? 그거 안 좋은 의미로요 ?

😊：いやいや、もちろん**いい意味**で。
　　　　　　　　　　　　いみ

ワンピース_がとっても**似合って**た。
　　　　　　　　　　　　に あ

No, no. Of course I mean that in a good way. That dress looked great on you.
不不不，当然是褒义的。那条连衣裙特别适合你。
아니 , 당연히 좋은 의미지 . 원피스가 정말 잘 어울리더라 .

9
週目

5 日目

意味がわからない

Makes no sense
意义不明；不明所以
이해가 안 간다 , 무슨 말이야 ?, 무슨 소리야 ?

1 👧 ：ねえ、ちょっと笑（わら）ってみて。

Hey, smile for me real quick.
我说，你笑一个。
하나야, 좀 웃어 봐.

👩 ：え、意味（いみ）がわかんない。

なんで？

That makes no sense. Why?
欸？几个意思？为什么啊？
응? 갑자기 무슨 소리야? 왜?

👧 ：笑（わら）ったら、えくぼが出（で）るじゃん。

それが見（み）たいの。

You have dimples when you smile. I want to see your dimples.
笑起来会有酒窝嘛，我就想看看。
웃으면 보조개 생기잖아. 그거 보고 싶어서.

2 👩 ：山田君（やまだくん）（😊）ってネクタイにめっちゃこだわってるよね。

Yamada is so particular about his neckties.
山田他对领带好讲究啊。
야마다 말이야, 넥타이에 엄청 신경 쓰지 않아?

👩 ：でも、シャツとの組（く）み合（あ）わせは滅茶苦茶（めちゃくちゃ）ですよね。

But the way he pairs them with his dress shirts is absurd, isn't it?
但是他领带和衬衫的搭配可太糟糕了。
근데 셔츠랑 전혀 안 어울려요.

👩 ：意味（いみ）がわからないよね（笑）。

Yeah, it makes no sense. (laughs)
真的搞不懂他（笑）。
야마다 취향은 이해가 안 가 (웃음).

音を変える ❼

　カジュアルに話すとき、よく「思う」「言う」「知る」「考える」などの前の「と」を「って」に変えます。「です・ます」を使って話すときも、変えることができます（少しカジュアルになります）。

→ : 明日は雨が降ると思う？

> ► 明日＿＿雨＿＿降るって思う？

→ : 隣*1のおばちゃんがよく俺に「ひげ*2、いいね」と言うんだよね。

> ► 隣のおばちゃん＿＿よく俺に「ひげ、いいね」って言うんだよね。

*1 next door ／隔壁的／옆집
*2 beard ／胡子／수염

→ : 明日の田中先生のクラスが休講*だと知っていた？

> ► 明日の田中先生のクラス＿＿休講だって知ってた？

* cancelled ／休讲／휴강

→ : 鈴木君に手伝ってもらおうと考えているんですけど。

> ► 鈴木君に手伝ってもらおうって考えてるんですけど。

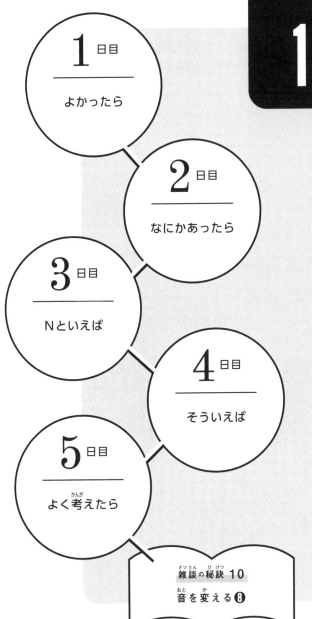

「たら」「ば」のことば

Conditional phrases
与「たら」「ば」相关的词组
「たら」「ば」를 포함하는 표현

1日目
よかったら

2日目
なにかあったら

3日目
Nといえば

4日目
そういえば

5日目
よく考えたら

雑談の秘訣 10
音を変える ❽

1 日目

よかったら

If you'd like
可以的话
괜찮으면

神様！
仏様！
田中様！

よかったら

1 🙂：バイト仲間(なかま)とカラオケに行(い)くんだけど、

よかったら、来(こ)ない？

I'm going to karaoke with friends from my part-time job. Come with if you'd like.
我要和一起打工的小伙伴去 KTV，你方便的话，一起来吗？
같이 알바하는 사람들이랑 노래방 가는데 (괜찮으면) 너도 올래？

😊：え、俺(おれ)は関係(かんけい)がないのに、いいの？

Even though I don't know them? You sure?
欸？我跟他们都不认识诶，一起去没事吗？
어？난 전혀 관계없는 사람인데 가도 돼？

2 🙂：コンビニに行(い)きますけど、

よかったら、なんか買(か)ってきましょうか？

I'm going to the convenience store. If you'd like I can get you something.
我要去趟便利店，需要的话，我带点什么回来？
편의점 갈 건데 뭐 필요한 거 있으시면 사다 드릴까요？

😊：神様(かみさま)、仏様(ほとけさま)、田中様(たなかさま)（🙂）！
ドリップのアイスコーヒー L(エル)をお願(ねが)いいたします！

Praise you, Lord Jesus! Please bless me with a large drip ice coffee.
苍天啊，大地啊，伟大的田中爸爸啊！求带大杯的滴滤式冰咖啡！
하느님，부처님，다나카 님！드립 아이스커피 L 사이즈로 부탁드리겠습니다！

2 日目

なにかあったら

If something happens
要是有个万一
무슨 일 있으면 , 무슨 일 생기면

1

🔊 : 下田さん_{って} 4歳の子どもに
一人でおつかい_に行かせるんですって。

I hear Mr. Shimoda lets his four-year-old run errands by himself.
下田好像会让他4岁的孩子一个人去跑腿诶。
시모다 씨 말인데요 , 애가 아직 네 살인데 애 혼자 심부름 갔다 오라고 한대요 .

🔊 : え、なにかあったら、どうすんの？

What? What if something happens?
这……万一有点什么事，怎么办啊？
뭐 ? 무슨 일 생기면 어떻게 하려고 그런대 ?

🔊 : このご時世ですからね。

These are the times we're living in.
何况这世道也不太平。
요즘 같은 세상에 말이죠 .

2

🔊 : じゃ、今度会うの_は来週の火曜日だね。

Alright, so we'll meet up again next Tuesday.
那我们下周二再见。
그럼 다음에 만나는 건 다음 주 화요일이네 .

🔊 : うん、でも、その前になんかあったら、
連絡_をちょうだい。

Okay, but let me know if something happens before then.
嗯，不过在那之前你要是有什么事的话，联系我啊！
응 , 근데 그 전에 무슨 일 있으면 연락 줘 .

🔊 : ゆか（🔊）もね。

You, too.
（由佳）你也是。
유카 너도 .

🔊 : わかった。

Got it.
知道了。
알았어 .

③日目

Nといえば

It's gotta be ~ / Speaking of ~
说到~的话
① ○○ 하면 (△△이다) , ② 말이 나와서 말인데 , - 에 대해 말하자면

1

：大阪でなにを食べに行く？

What do you want to eat in Osaka?
去大阪吃什么呀？
오사카에서 뭐 먹을까？

：大阪といえば、たこやきじゃない？

Osaka's gotta be takoyaki.
说到大阪的话，那不得吃个章鱼小丸子吗？
오사카 하면 역시 다코야키지．

：ベタだねー。

That's so cliché.
这没创意啊！
너무 뻔하지 않아？

2

**：昨日、帰りの電車で久しぶりに
竹田さんに会いましたよ。**

On my train ride home yesterday I ran into Takeda for the first time in a
while.
昨天在回家的电车上碰到竹田了，好久没见了。
어제 전철 타고 집에 가는데 오랜만에 다케다 씨를 만났어요．

**：あ、そうなの。
竹田君といえば、最近イタ車を買ったそうだよ。**

Oh, really. Speaking of Takeda, I heard he bought an Italian car recently.
啊，这样吗？说到竹田，听说好像最近买了辆意大利产的车。
아，그래？다케다 얘기가 나와서 말인데 얼마 전에 이탈리아 자동차 샀대．

**：わかりやすーい！
「イタリア」って顔をしてますもんね、
竹田さんって（笑）。**

That's just like him. His face has "Italian" written all over it. (laughs)
还真是情理之中！他长的就是一张"意大利脸"（笑）。
다케다 씨답네요．취향이랑 얼굴이 딱'이탈리아'분위기잖아요（웃음）．

4 日目

そういえば

Now that I think of it / Speaking of which
话说；说起来
그러고 보니 , 근데 , 참

1 😊：じゃあ、明日は3限の後、プレゼンの準備でいいよね？

Alright, so tomorrow after third period we'll prepare for our presentation, OK?
那明天第 3 节课之后开始准备发表，没问题吧？
그럼 , 내일은 3 교시 끝나고 프레젠테이션 준비하는 거 괜찮지 ?

😊：うん、いいと思う。

Yep, sounds good.
嗯，我觉得可以。
응 , 괜찮아 .

😊：あ、そういえば、昨日帰りに買ったスムージーが

めっちゃおいしかったよ。

Oh, now that I think of it, the smoothie I bought on the way back home yesterday was really good.
啊，话说，我昨天回家路上买的果汁，超好喝的。
참 , 어제 집에 가는 길에 스무디 샀는데 엄청 맛있었다 ?

😊：あ、ほんと。どこで買ったの？

Oh, really. Where'd you get it?
啊，真的吗？哪儿买的？
아 , 진짜 ? 어디서 샀는데 ?

---

2 😊：最近完全に運動不足だよ。

Man, I've gotten completely out of shape recently.
最近真是缺乏运动。
요즘 완전 운동 부족이야 .

😊：そういえば、
会社の前をジョギングしているおじさんを
最近見かけませんね。

Speaking of which, I don't see that older guy jogging in front of the company building recently.
话说，最近没见到那个经常在公司门口慢跑的大叔了诶？
그러고 보니 회사 앞에서 조깅하던 아저씨 , 요즘 안 보이네요 .

😊：あ、そう言われればそうだね。

Ah, now that you mention it, you're right.
啊，你这么一说还真是。
아 , 듣고 보니 그러네 .

5 日目

よく考えたら

On second thought / Come to think of it / Actually
仔細想想
잘 생각해 보면 , 잘 생각해 보니까

ビデオ会議
ありませんでしたっけ？

1

👨 ： コンビニのバイト_{って}
やる仕事の種類_が多すぎると思わない？

Don't you think part-time convenience store workers have too many jobs to do?
你有没有觉得，在便利店打工要干的事情，种类有点太多了？
편의점 알바는 해야 하는 일들이 너무 많지 않아？

👦 ： まじで。**よく考えたら、**今もらってる時給じゃ
割に合わないよね。

For real. If you really think about it, the hourly wage makes it not worth it.
还真是。仔细想想，我们现在拿这么点工资太亏了。
맞아 . 생각해 보면 지금 받는 시급은 턱없이 부족하지 .

👨 ： ワンオペ_が多いしね。
今の 10 倍はもらわないと (笑)。

We have to do everything by ourselves a lot, too. We should be getting
ten times what we make now. (laughs)
还经常都压在一个人身上。不给个 10 倍真是说不过去（笑）。
혼자 해야 하는 일도 많고 . 지금 받는 시급의 열 배는 받아야 되는데 (웃음).

2

👩 ： じゃ、外回り_は10 時ごろ出る？

How about we leave the office around 10?
所以是 10 点左右出外勤吗？
그럼 외근은 10 시쯤 나갈까？

👩 ： あ、でも、**よく考えたら、**その日の午前_{って}
ビデオ会議_がありませんでしたっけ？

Oh, on second thought, don't we have a video conference in the morning
that day?
啊，不过仔细想想，那天上午是不是还有视频会议来着？
아 , 근데 잘 생각해 보니까 그날 오전에 화상 회의 있지 않았어요？

👩 ： あー、そうだそうだ。危ない危ない。
じゃ、外回り_は午後からだね。

Ah, right, right. I almost forgot. Then let's head out in the afternoon.
啊！对对对。好险好险。那外勤应该是在下午了。
아 , 맞다 . 큰일날 뻔 했네 . 그럼 외근은 오후에 나가는 걸로 .

音を変える ❽

カジュアルに話すとき、ナ行＊（な・に・ぬ・ね・の）の前のラ行（ら・り・る・れ・ろ）をよく「ん」に変えます。「です・ます」を使って話すときも、変えることができます（少しカジュアルになります）。

＊ the 'na' column of the Japanese syllabary table ／ナ行／ナ행

→ ：いつ来られるの？（いつ来れるの？）

► いつ来られんの？（いつ来れんの？）

→ ：エアコンをもうちょっと強くしてくれない？

► エアコン＿＿もうちょっと強くしてくんない？

→ ：部長が今日いらっしゃらないので、決められないですね。

► 部長＿＿今日いらっしゃらないんで、決めらんないですね。

→ ：それはまだわからないと言っていましたよ。

► それ＿＿まだわかんないって言ってましたよ。

色のことば
いろ

Expressions that have to do with color

关于颜色的词组

색에 관한 표현

1 日目

目の色が変わる／
目の色を変える

One's eyes light up / Have a different look in one's eye
眼神変化 / 态度转变
눈빛이 달라지다 , 환장을 하다 / 혈안이 되다

1 👧 ： 行<ruby>く<rt>い</rt></ruby>行<ruby>く<rt>い</rt></ruby>行<ruby>く<rt>い</rt></ruby>！

なに<ruby>が<rt></rt></ruby>あっても、行<ruby>く<rt>い</rt></ruby>！

I'm in! I'm in! I'm in! No matter what, I'm in!
去去去！不管有什么事，我都要去！
갈게！갈게！갈게！무슨 일이 있어도 갈게！

👦 ： <ruby>田中<rt>た なか</rt></ruby>さん (👧)<ruby>って<rt></rt></ruby>スイーツの<ruby>話<rt>はなし</rt></ruby>になると、

<ruby>目<rt>め</rt></ruby>の<ruby>色<rt>いろ</rt></ruby>が<ruby>変<rt>か</rt></ruby>わるよね。

Your eyes sure do light up when we start talking about sweets.
田中只要是提到甜品，就两眼发光呢。
다나카 너는 디저트 얘기만 나오면 눈빛이 달라지더라 .

👧 ： だって、スイーツだよ！

Well, yeah, these are *sweets* we're talking about!
那可是甜品啊！
당연하지 . 디저트잖아！

2 👩 ： <ruby>社内<rt>しゃない</rt></ruby>コンペの<ruby>賞品<rt>しょうひん</rt></ruby>は<ruby>ハワイ旅行<rt>りょこう</rt></ruby>ですね！

The award for winning the company competition is a trip to Hawaii, right?
公司内部竞赛的奖品，是夏威夷旅行耶！
사내 공모전 경품 , 하와이 여행권이네요！

👩 ： <ruby>山田君<rt>やま だ くん</rt></ruby> (👦)<ruby>が<rt></rt></ruby><ruby>目<rt>め</rt></ruby>の<ruby>色<rt>いろ</rt></ruby>を<ruby>変<rt>か</rt></ruby>えて<ruby>準備<rt>じゅん び</rt></ruby>してるよ (笑)。

Yamada has a different look in his eyes preparing now. (laughs)
山田也一改平常那副样子在认真准备呢（笑）。
야마다가 혈안이 돼서 준비하고 있어 (웃음).

👩 ： そういえば、<ruby>昨日<rt>きのう</rt></ruby>、ハワイのガイドブックを

ネットで<ruby>注文<rt>ちゅうもん</rt></ruby>してましたよ (笑)。

Now that I think of it, yesterday he bought a guidebook to Hawaii off the web. (laughs)
说起来，我昨天还从网上下单了夏威夷旅行指南（笑）。
그러고 보니 어제 하와이 가이드북을 인터넷으로 주문하고 있더라고요 (웃음).

顔色が悪い

Look pale / Appear unwell
脸色不好
안색이 안 좋다

124

1

:はなちゃん（ 🐰 ）、なんか今日、顔色_が悪くない？

You look kind of pale today.
小花，感觉你今天是不是脸色不太好啊？
하나 , 너 오늘 안색이 안 좋은 것 같은데 ?

:あ、なんか間違って、
変な色のファンデーション_を買っちゃったんだ。

Oh, I accidentally bought the wrong color foundation.
啊，我一不小心买错粉底色号了，颜色怪怪的。
아 , 파운데이션을 새로 샀는데 색을 잘못 골랐어 .

:なーんだ、それでか。

ビックリした。

Whaaaat? So that's why. You surprised me there.
什么嘛，这么回事啊。吓我一跳。
뭐야 ~, 그래서였구나 . 놀랐네 .

2

:田中さん（ 🧔 ）は？

Where's Tanaka?
田中人呢？
다나카는 ?

:気分_が悪いって言って早退しましたよ。

She said she wasn't feeling good and left early.
说是感觉她不舒服，就提前回家了。
컨디션이 안 좋다고 조퇴했어요 .

:あ、そうなの？
でも、たしかに朝から顔色_が悪かったな。

Oh, really? But that's true, from this morning she wasn't looking too good.
啊，这样吗？不过确实感觉她今天早上脸色不太好。
아 , 그래 ? 어쩐지 아침부터 안색이 안 좋더라 .

125

3 日目

色気がある／
色気を感じる

Attractive / Sexy
有魅力 / 感受到魅力
섹시하다 / 섹시함을 느끼다

1

ゆかのお姉さん（ねえ）（🧑）、色気（いろけ）があるよね。

Your older sister is quite attractive, isn't she?
由佳的姐姐，感觉很有魅力啊。
유카 너네 언니, 섹시하더라.

あ、それを聞（き）いたら、めっちゃ喜（よろこ）ぶと思（おも）う。

I think she'd be really happy to hear that.
啊，她听到了一定很开心。
아, 그 말 들으면 엄청 좋아할걸?

白（しろ）Tにジーンズであの色気（いろけ）は普通（ふつう）出（だ）せないよ。

It's not normal to look that sexy in a pair of jeans and a white t-shirt.
一般人穿白T配牛仔裤可没那么性感。
흰 티와 청바지만으로 그 정도로 섹시하다니, 보통이 아니야.

2

中年（ちゅうねん）の男性（だんせい）って素敵（すてき）ですよね。
大人（おとな）の色気（いろけ）を感（かん）じますし。

Middle-aged men are wonderful, aren't they? They have a sexiness as fully-grown adults.
中年男性真的好有感觉啊。就有那种成熟男人的魅力。
중년 남성, 멋있는 것 같아요. 성숙한 섹시함도 느껴지고요.

そんな人（ひと）はほとんどいないよ。
ドラマの見（み）すぎじゃない？

There aren't really that many like that. Have you been watching too many dramas?
现实中这种人找不出几个吧？你是不是电视剧看多了？
그런 사람 거의 없어. 드라마를 너무 많이 본 거 아니야?

うーん、たしかにこの会社（かいしゃ）にはいないですけど（笑）。

Well, that's true, there aren't any at this company. (laughs)
呃，确实，我们公司是没有这样的人（笑）。
음, 하긴 이 회사에는 없네요 (웃음).

127

4 日目

腹が黒い／腹黒い

Mean / Evil
心眼坏；表里不一
속이 시꺼멓다 , 엉큼하다 , 음흉하다

田辺さん

1 👩：田辺さんって人当たりがいいですよね。

Mrs. Tanabe is really friendly, isn't she?
田边给人的感觉随和呢。
다나베 씨는 붙임성이 좋네요 .

👩：いや、あの人は意外に腹が黒いよ。
初めはそう見えないけど。

No, she's actually pretty mean. She doesn't seems that way at first, though.
不不不，这人一眼看看不出来，其实可坏了。
아니 , 그 사람 의외로 엉큼해 . 처음에는 그렇게 안 보이지만 .

👩：え、そうなんですか？

Oh, really?
欸？这样吗？
아 , 그래요 ?

👩：面倒な仕事はさりげなく他の人に振るよ。

She doesn't think twice about giving awful jobs to other people.
老是把那种麻烦的工作不动声色地就丢给别人了。
번거로운 일은 은근슬쩍 다른 사람한테 넘겨 .

2 👩：森君（👦）って腹黒い人とそうじゃない人って
どうやって見分ける？

How can you tell apart evil people from people who aren't evil?
森，你是怎么区分对方是不是表里不一的人的啊？
모리는 속이 시꺼먼 사람하고 그렇지 않은 사람 , 어떻게 구분해 ?

👦：同性の友達が多いか少ないかで、
なんとなくわかるけど。

I can somehow tell depending on how many or few friends they have of the same sex.
其实，看对方对同性的朋友多不多，大概就能知道了。
동성 친구가 많은지 적은지를 보면 대충 알겠던데 ?

👩：あー、それは一理あるね。同性のほうが
腹の中で考えてる悪事が直観でわかるかも。

Ah, that's a good point. You probably have a hunch when members of the same sex have something evil up their sleeves.
啊，有道理。感觉同性别的人更能靠直觉感受到对方是不是在打什么坏主意。
아 , 그거 일리 있네 . 동성은 그 사람의 속셈을 직감적으로 알 수도 있겠네 .

5 日目

白い目で見る

Look coldly at / Turn a cold shoulder
翻白眼；冷眼看
흘겨보다, 따가운 시선을 보내다

130

1

🗣 : 本当にごめん。

I'm real sorry.
真的对不住。
정말 미안 .

👩 : 私の誕生日を忘れるなんて信じらんない。

I can't believe you forgot my birthday.
你居然忘了我的生日，真是难以置信。
내 생일을 잊어버리다니 , 말도 안 돼 .

🗣 : そんなに白い目で見ないでよ。
いろいろ面倒なことがあって、
ここんとこ本当に忙しかったんだ。

Don't give me that cold look. I've been really busy these days dealing
with one thing after another.
你别白我啊。我这段时间真的是麻烦事儿太多了，实在是忙不过来。
그렇게 흘겨보지 마 . 이것저것 번거로운 일이 생겨서 요즘 진짜 바빴단 말이야 .

2

👩 : 有名人って本当に大変ですよね。

Celebrities have it rough, don't they?
感觉明星真的太不容易了。
유명인은 정말 힘들겠어요 .

👨 : ね。ちょっとでも不祥事を起こしたら、
日本中から白い目で見られちゃうからね。

Right? Even a small scandal and the entirety of Japan will turn a cold
shoulder on you.
我也觉得。稍微有点什么不好的事情就会被全日本的民众冷眼相待。
맞아 . 조금이라도 불상사를 일으키면 일본 전역에서 따가운 시선을 보내니 말이야 .

👩 : 昔と違って、今はネットで瞬時にニュースが
広がりますしね。

And unlike the past, the news will spread over the Internet in an instant
now, too.
毕竟时代不同了，现在一有什么新闻一下子就在网上传开了。
옛날이랑 다르게 지금은 인터넷으로 순식간에 뉴스가 퍼지니까요 .

音を変える❾

　自分が感じたことを強く言いたいとき、いくつかのイ形容詞*の音が変わります。「です・ます」を使って話すときには使えません。

* some i-adjectives ／部分イ形容词／일부의 イ형용사

　例　「さむい」→「さっむ」　「あまい」→「あっま」
　　　「おもい」→「おっも」

:今日、ほんとあつい　►　**あっつ！**

:見て見て！　このスカート、やすい　►　**やっす！**

:山田君の足、くさい*　►　**くっさ！**

* stinks ／臭的／냄새가 나다

　感じたことが反射的に口から出たとき*、いくつかのイ形容詞の音が変わります。「です・ます」を使って話すときには使えません。

* When you reflexively blurt out something (some feeling) ／将直观感受条件反射式地脱口而出时／느낀 것이 반사적으로 입 밖으로 나올 때

　例　「さむい」→「さむっ」　「あまい」→「あまっ」
　　　「くさい」→「くさっ」

:（熱いお風呂に入って）あつい　►　**あつっ！**

:（だれかに足を踏まれて*）いたい　►　**いたっ！**

* stepped on ／被踩到／밟히다

:（寿司のわさびが多くて）からい　►　**からっ！**

リアクションのことば ❷

Reaction phrases ❷
用于应答的说法 ❷
리액션 표현 ❷

1日目

どっちでもいい

2日目

そういう問題じゃない
もんだい

3日目

悪くないね
わる

4日目

それはどうかな／
それはどうですかね

5日目

知らない
し

雑談の秘訣 12
ざつだん ひ けつ

「は」を「って」に変える
か

①日目

どっちでもいい

Either is fine / Makes no difference to me
都可以
어느 쪽이든 상관없다

1

👩 : 山田さん (👨)、この企画書は A4 と B4、

どちらがよろしいですか？

Which should we use for this business proposal, A4 or B4?
山田前辈，这个企划书的纸用 A4 的还是 B4 的啊？
야마다 씨 , 이 기획서는 A4 랑 B4, 어느 쪽이 좋을까요 ?

👨 : どっちでもいいと思うよ。

でもまあ、B4 のほうが見やすいかもしれないね。

Either is fine. Ah, but I guess B4 might be easier to see.
感觉都可以吧。不过 B4 的可能看起来更舒服一点。
어느 쪽이든 상관없어 . 근데 B4 가 보기 편할 것 같기는 하다 .

2

👧 : 来週のライブに、森君 (👦) も誘う？

Should I invite Mori to the concert next week?
下周的演出，要叫森一起吗？
다음 주에 있는 라이브 , 모리한테도 같이 가자고 할까 ?

👧 : あ、どっちでもいいよ。

Makes no difference to me.
啊，都可以啊。
아 , 어느 쪽이든 상관없어 .

👧 : じゃ、コンビニが改装中で

バイトが休みみたいだから、誘ってみるね。

Well, it seems that he's not working his part-time job because the
convenience store is remodeling, so I'll try inviting him.
那我去问问他。好像他打工的那个便利店最近在装修，他也应该在休息。
그럼 편의점이 리뉴얼 공사 중이라 알바도 쉬는 거 같으니까 같이 가자고 해 볼게 .

② 日目

そういう問題じゃない

That's not the problem / That's not the point
不是这个问题
그런 문제가 아니다

1

彼女(かのじょ)が いるし、**合コン**(ごうコン)なんか**行**(い)けるわけないでしょ。

I have a girlfriend. It's not like I can just go to a mixer.
我有女朋友啊，怎么可能去参加联谊！
여자 친구가 있는데 미팅을 어떻게 나가냐？

男(おとこ)が **1 人**(ひとり)**足**(た)りなくて**困**(こま)ってんのよ。
今度昼飯(こんどひるめし)を おごるから。

C'mon, we're one guy short. I'll even buy you lunch.
我们就缺一个男的了。下次请你吃午饭呗。
남자가 한 명 부족해서 그래 . 다음에 점심 쏠게 .

あほか。
そういう**問題**(もんだい)じゃない。

Hey, dummy. That's not the problem here.
傻啊你，不是这个问题啊！
멍청아 , 그런 문제가 아니야 .

2

最近(さいきん)、**食**(た)べすぎでちょっと**太**(ふと)っちゃったんですよね。

Recently I've gotten a little fat from eating too much.
最近吃得太多，都胖了。
요즘 너무 많이 먹어서 살쪘어요 .

じゃ、ぽっちゃりタイプが**好**(この)みの**人**(ひと)を
探(さが)せばいいんじゃない？

Maybe you should look for guys who prefer chubby girls?
那你找那种喜欢微胖型的人不就行了？
그럼 통통한 사람 좋아하는 사람을 찾으면 되지 않아 ？

そういう**問題**(もんだい)じゃないんですよ！

That's not the point!
不是这个问题啊！
그런 문제가 아니라고요 !

③日目

悪くないね

Not bad / Sound good
不错
나쁘지 않네

1 🙂：どう、この店の餃子_は？

How's the gyoza at this place?
这家店的饺子怎么样？
어때？ 이 가게 만두．

😀：悪くないね。
駅前^{えきまえ}のラーメン屋^やの餃子^{ぎょうざ}より_もおいしいと思う^{おも}よ。

Not bad. It's better than the gyoza at the ramen shop in front of the station.
还不错诶。我觉得比车站前面那家拉面店的饺子好吃。
나쁘지 않네．역 앞에 있는 라멘집 만두보다도 맛있는 것 같아．

🙂：でしょ！

Right?
对吧！
그치？

2 🙂：今年^{ことし}_はどこかの企業^{きぎょう}とコラボで商品^{しょうひん}_を出^だしません_か？

Shall we collaborate with a company to put out a product this year?
今年要不要和别的企业出一些联名款啊？
올해는 다른 기업이랑 콜라보로 상품을 출시하는 게 어때요？

🙂：あ、悪くないね。
最近^{さいきん}コラボ系^{けい}_は当^あたってるしね。

Ah, sounds good. Collaborations have been selling well recently.
啊，可以有。最近联名款风还挺大的。
음，나쁘지 않네．요즘 콜라보 계열이 인기가 많기도 하고．

④ 日目

それはどうかな／

それはどうですかね

Don't bet on it / I wouldn't be so sure about that

这个不好说 / 这个不一定吧

글쎄 , 그건 모르지 / 글쎄요 , 그건 모르죠

ウフフ

140

1 🧑‍🦰 : 森君(💬)_{って}そのバイト先_{さきこ}の子_が好きなんじゃない？

Mori likes that girl from his part-time job, doesn't he?

森是不是喜欢那个一起打工的女孩子啊？

모리 말이야 , 같이 알바하는 애 좋아하는 거 같지 않아 ?

👩 : **それはどうかな。**

I wouldn't bet on it.

感觉不好说。

글쎄 .

🧑‍🦰 : **え、なんか知_しってるの？**

What? Do you know something?

欸 ? 你是不是知道点什么啊 ?

어 ? 뭐 아는 거 있어 ?

---

2 😀 : 例_{れい}の太平洋水産_{たいへいようすいさん}とST食品_{しょくひん}の合併話_{がっぺいばなし}_は

うまくいくわけないよね～。

You know that merger talk between Taiheiyo Seafood and ST Foods? There's no way that's going to go well, right?

那家太平洋水产和 ST 食品要合并的事，感觉成不了吧？

그 태평양수산하고 ST 식품 합병한다는 얘기는 성사될 리가 없어 . 안 그래 ?

👨 : **それはどうですかね。**

結構社風_{けっこうしゃふう}も似_にてますし、

たしか社長同士_{しゃちょうどうし}_が同窓_{どうそう}だったと思_{おも}いますけど。

I wouldn't be so sure about that. The company cultures are similar, and I think the company presidents went to school together.

这个不一定吧。感觉两家公司的氛围还挺像的，好像两边的社长还是同学来着。

글쎄요 . 기업 분위기도 꽤 비슷하고 사장님 두 분이 동창이었을걸요 ?

12 週目

141

5 日目

知らない

Not my fault / None of my business
不知道；不关我事
난 모른다 , 난 모르는 일이다

1

😀：どうしよう。佐々木さん（🍼）の鞄に

ジュース_をこぼしちゃった。

Oh no, I accidentally spilled soda on Sasaki's bag.
怎么办啊！我一不小心把果汁泼到佐佐木同学的包里了。
아 , 어떡해 ? 사사키 가방에 주스 흘렸어 .

👩：あー、知_しーらない。

Not my problem.
啊……我怎么知道。
아 ~, 넌 이제 큰일 났다 .

😀：佐々木さん_がトイレから戻_{もど}ってくる前_{まえ}に、

拭_ふくの_を手伝_{てつだ}ってよ。

Help me wipe it off before she gets back from the bathroom.
在她回来之前你帮我一起擦一下嘛！
사사키가 화장실에서 돌아오기 전에 닦는 것 좀 도와줘 .

2

👩：もう一本_{いっぽん}ワイン_を頼_{たの}みません_か？

Should we order another bottle of wine?
要不要再点一瓶葡萄酒啊？
와인 한 병 더 시킬까요 ?

😀：知_しらないよ、二日酔_{ふつかよ}いになっても。

It's not gonna be my fault if you get a hangover.
你要是宿醉了，我可不管啊！
숙취로 고생해도 난 모른다 .

👩：明日_{あした}_は有休_{ゆうきゅう}_を取_とってるんで、大丈夫_{だいじょうぶ}です。

I'm taking off tomorrow, so it's alright.
没事，我明天带薪休假。
내일은 유급 휴가 신청해서 괜찮아요 .

「は」を「って」に変える

人（もの・こと）がどんな人（もの・こと）か、自分の考えを言ったり、説明したり、質問をしたりするとき、よく「は」を「って」に変えます。「です・ます」を使って話すときも、変えることができます（少しカジュアルになります）。

→ ：小橋さん は いい人だね。

► 小橋さん って いい人だね。

（小橋さん＿＿＿ いい人だね）。

→ ：え、森 は 中国語が話せるの!?

► え、森 って 中国語＿＿ 話せるの!?

（え、森＿＿ 中国語＿＿ 話せるの!?）

→ ：ここ は 山田君の知り合い*のお店だよ。

► ここ って 山田君の知り合いのお店だよ。

（ここ ＿＿ 山田君の知り合いのお店だよ。）

* acquaintance ／熟人／아는 사람

→ ：明日の会議 は どこであるんですか？

► 明日の会議 って どこであるんですか？

（明日の会議＿＿ どこであるんですか？）

［著者紹介］

清水崇文（しみず・たかふみ）

上智大学言語教育研究センター／大学院言語科学研究科教授．応用言語学博士（Ph.D.）

イリノイ大学大学院東洋言語文化専攻修士課程，ハーバード大学大学院教育学専攻修士課程，ロンドン大学大学院応用言語学専攻博士課程修了．専門は第二言語習得研究，中間言語語用論．主な著書に，『相手を必ず動かす！英会話のテクニック』（2019年，アルク），『コミュニケーション能力を伸ばす授業づくり―日本語教師のための語用論的指導の手引き―』（2018年，スリーエーネットワーク），『雑談の正体―ぜんぜん"雑"じゃない，大切なコミュニケーションの話―』（2017年，凡人社），『心を動かす英会話のスキル』（2016年，研究社），『みがけ！コミュニケーションスキル 中上級学習者のためのブラッシュアップ日本語会話』（2013年，スリーエーネットワーク），『中間言語語用論概論―第二言語学習者の語用論的能力の使用・習得・教育―』（2009年，スリーエーネットワーク），『日本語教師のための 日常会話力がグーンとアップする雑談指導のススメ』（共著，2018年，凡人社），『語用論研究法ガイドブック』（共著，2016年，ひつじ書房），『談話とプロフィシェンシー―その真の姿の探求と教育実践をめざして―』（共著，2015年，凡人社），『第二言語習得研究と言語教育』（共編著，2012年，くろしお出版）などがある．

西郷英樹（さいごう・ひでき）

関西外国語大学外国語学部／留学生別科准教授．言語学博士（Ph.D.）

エセックス大学大学院社会言語学専攻修士課程，ダラム大学大学院言語学専攻博士課程修了．専門は，発話末形式．主な著書に，The Japanese Sentence-Final Particles in Talk-in-Interaction [Pragmatics & Beyond New Series, 205]（2011年，John Benjamins），『日本語教師のための日常会話力がグーンとアップする雑談指導のススメ』（共著，2018年，凡人社），『談話とプロフィシェンシー―その真の姿の探求と教育実践をめざして―』（共著，2015年，凡人社），主な論文に，「依頼発話『来週の飲み会，来て』に付加された『ね』『よ』『よね』が後続発話に与える影響について」『関西外国語大学留学生別科日本語教育論集』第28号（2018年），「『ね』『よね』『よ』発話と後続発話タイプ―異なる2つの発話内容を用いて―」『関西外国語大学留学生別科日本語教育論集』第27号（2017年），「終助詞『ね』『よ』『よね』の発話連鎖効力に関する一考察 ―大規模談話完成テスト調査報告―」『関西外国語大学留学生別科日本語教育論集』第26号（2016年），などがある．

［イラスト］猫花子

［翻　訳］Nate Olson（英語）　金雨卉（中国語）　金アラン（韓国語）

［翻訳校正］路子璇（中国語）　呉洗汀（韓国語）

日本語雑談マスター［青］

2021 年 6 月 30 日　初版第 1 刷発行

著　　　者	清水崇文，西郷英樹	
発　　　行	株式会社 凡人社	
	〒 102-0093　東京都千代田区平河町 1-3-13	
	電話 03-3263-3959	
本文・カバーデ ザ イ ン	コミュニケーションアーツ株式会社	
カバーイラスト	小松容子（株式会社アクア）	
印 刷 ・ 製 本	倉敷印刷株式会社	

ISBN 978-4-89358-988-0
©SHIMIZU Takafumi and SAIGO Hideki　2021　Printed in Japan